相山学术丛书

张国华 著

现代汉语语法词汇研究

XIANDAI HANYU YUFA CIHUI YANJIU

中国社会科学出版社

图书在版编目(CIP)数据

现代汉语语法词汇研究/张国华著. —北京：中国社会科学出版社，2018.11
（相山学术丛书）
ISBN 978-7-5203-3038-1

Ⅰ.①现… Ⅱ.①张… Ⅲ.①现代汉语—语法—研究②现代汉语—词汇—研究 Ⅳ.①H146②H136

中国版本图书馆 CIP 数据核字（2018）第 193004 号

出 版 人	赵剑英
责任编辑	郭晓鸿
特约编辑	席建海
责任校对	夏慧萍
责任印制	戴　宽

出　版	中国社会科学出版社
社　址	北京鼓楼西大街甲 158 号
邮　编	100720
网　址	http://www.csspw.cn
发行部	010-84083685
门市部	010-84029450
经　销	新华书店及其他书店
印　刷	北京明恒达印务有限公司
装　订	廊坊市广阳区广增装订厂
版　次	2018 年 11 月第 1 版
印　次	2018 年 11 月第 1 次印刷
开　本	710×1000　1/16
印　张	10.75
插　页	2
字　数	133 千字
定　价	48.00 元

凡购买中国社会科学出版社图书，如有质量问题请与本社营销中心联系调换
电话：010-84083683
版权所有　侵权必究

目　录

第一章　现代汉语完整/过程范畴研究 …………………………（1）
　第一节　现代汉语完整范畴及其表达 ………………………（1）
　第二节　动词为"给予"和"取得"义双宾句表完
　　　　　整现象分析 ……………………………………（55）
　第三节　"NP+了"表"过程"现象分析 …………………（64）

第二章　短语、句子研究 ………………………………………（77）
　第一节　"动词语+的"指称性强弱的认知解释 …………（77）
　第二节　"没有完全"和"完全没有"及其相类句式辨析 …（83）
　第三节　"真有趣""太有趣"辨析
　　　　　——感叹句的句法语义 ………………………（90）
　第四节　认知框架下关于句子的思考 ……………………（98）
　第五节　假设复句的交际功能分类分析 …………………（106）

第三章　词汇研究 ………………………………………………（115）
　第一节　现代汉语多义词词义衍生的三个层面
　　　　　——从观察角度看多义词意义的形成 ………（115）
　第二节　谈"给力" …………………………………………（123）
　第三节　"草根"为什么没有反义词 ……………………（127）
　第四节　"涨"出来的语言现象 …………………………（130）

第四章 其他研究 ……………………………………（133）
第一节 现代汉语教学的理论框架 ………………（133）
第二节 《文心雕龙》的修辞观 ……………………（140）

参考文献 ………………………………………………（146）
后记 ……………………………………………………（165）

第一章 现代汉语完整/过程范畴研究

第一节 现代汉语完整范畴及其表达

一 总论

1.1 什么是完成

完成,其实应该是完整,完成是沿袭旧说。现代汉语的完成范畴应该怎样描述呢?首先我们应该承认"完成"是一种体形式。"体"作为一种语法范畴,在西方语言学中被称为动词的语法范畴,表示的是所叙述动作的类型和动作是否持续。完成体是表示动作的完成,西方语法中多用给动词添加前缀、后缀或变化中间元音的方法来表示。现代汉语形态不丰富,自然不能像西方语法那样变化动词。由于现代汉语中,语义占有很重要的位置,现代汉语完成范畴的意义也不仅仅表现为动词的完成,它可能强调事态完整,也可能强调动作的结果,或强调与动作相伴随的时间的完整等。因此,我们可以毫无疑问地说,现代汉语中的完成范畴不同于西方的完成体。

对于现代汉语完成范畴中"完成"的定义,我们是以观察事物的方式界定的。我们观察事物的时候,会有不同的观察方式,有的着眼于事物的外部,有的着眼于事物的内部。着眼于事物的外部,会得到事物整体的印象;着眼于事物的内部,会得到事物局部的印象。

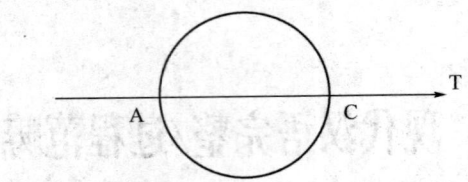

上图中表示时轴 T 上占据 AC 长的一个事件，所谓"完成"是对 AC 整体的观察。A 点表示事件发展的起始点，C 点表示事件发展的终结点，AC 段则是对事件整体观察所得到的整体印象。事实上，AC 段就是由无数个 B 点组成的。如果我们观察事件的内部，则可以得到非完成范畴，它揭示的是事件的局部，如 AC 段中的时轴 T 上可以向前滑动的 B 点，我们观察 B 点就可以得到持续体。

为了进一步说明"完成"的概念，我们不妨和持续体作一下比较。现代汉语中，"了"是表示"完成"意义的，"着"是表示"持续"意义的，可以比较一下下面两个例句：

(1) {a 小王拍了手。
b 小王拍着手。

a 句中使用了"了"，说明"小王拍手"是对动作的整体观察。"小王拍手"是一个不予分解的整体事件，句中可以出现"一下、一次、一会儿"等指明完成具体内容的词语；b 句使用"着"，表明"小王拍手"是对动作的内部观察，对这个时间从内部进行了分解，是非完整的，因此不能有"一下、一次、一会儿"词语在句中出现。

1.2 完整范畴的意义

1.2.1 动作的完成

完成范畴的意义，首先表现为动作的完成，这与西方语法中的完成体相一致，常用的动词是动作动词。

(2) {
a 小赵打了小王。
b 小张踢了门。
c 小余吃了饭。
}

例（2）中的动词都是动作动词。加上"了"表示动作的完成，如果继续用图示来表示，以 a 句为例，如下图所示：

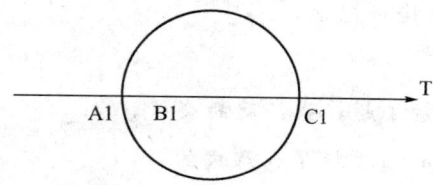

T 表示时间线轴，A1 点表示动作的起始点，即小赵发出"打"动作的时间；C1 点表示动作的终结点，即"打"动作结束的时间，那么整个过程 A1 点和 C1 点则可看作"打"动作的全过程。"打"动作从 A1 点发出，到 C1 点结束，动作和时间相始终，时间到达 C1 点，动作也就结束了。b、c 两例与 a 相同，都是动作动词表完成。

1.2.2 表现了一个变化过程

完成范畴中动作或事件，是不可分解的。但是我们剖开进行分析，其内部是非均质的，变化体现在每时每刻，随着时间的迁移，意味着此刻的事件特征已经不同于上一时刻。完成范畴的意义正是由这众多的变化组成的。如例（2）中"小赵打了小王"（图二）：从图中可以看出，动作从 A 发出，每一个分解的小动作并不是相同的。假如小赵打了小王五分钟，那么第一分钟时"打"的动作和第四分钟、第二分钟、第三分钟时"打"的动作是不一样的，也就是说"完成"的内部是异质的。每一个分解的小动作不完全相同。这样，从运动着的时轴上看，动作富有变化。这种变化和动作相始终，动作开始，变化也开始，动作停止，变化也停止。

这一特点在静态动词表完成的例句中表现又有不同。

先看下一例句：

(3) {a 他姓赵，我姓张。
b 我知道钢是铁炼成的。
c 门上挂一把锁。

(4) {a1 他姓了赵，我们就断交了。
b1 我知道了钢是铁炼成的。
c1 门上挂了一把锁。

例（3）、例（4）中的句子，动词就是静态动词，"姓"属于表属性的动词；"知道"是表心理感觉的动词；"挂"是表示位置关系的动词。例（3）中的三个例句表示的是一般性的叙述，由于a、b、c三句中的动词都是静态动词，因此它不反映变化，具有均质的时间结构，而这样的句子通常表达一个静态事件。例（4）a、b、c三句动词后加"了"，表示完成，其静态特征就会发生变化，试比较：

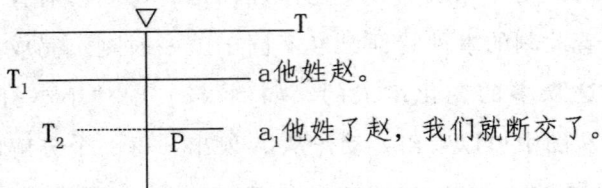

句a中"他姓赵"，说明他任何时刻都姓赵，不会姓张，也不

会姓王，线条 T_2 上任取两点，其特征都是一样的，并且没有时间上的限制。句 a1"他姓了赵"说明他从某一时刻开始姓了赵，而其中的某一时刻正是他姓赵的开端（P 点），而这一时刻之前，他可能姓张，或者姓王，不得而知，这一时刻正是他从姓张或姓王变化到姓赵的变化点。线条 T_2 中的虚线部分和实线部分是完全不同的，而 P 点正是这种不同的变化点，静态动词"姓"加"了"表完成正体现了这种动态变化。这种变化是瞬间的，不像动作动词表完成那样和时间相随相伴，不同的时刻就有不同的动作，这种变化体现在变化点的前后不同上，任取两点并不能看出其变化特征。

1.2.3 事态完整

现代汉语的完成体，究其实质应该是完整体，因为它于事物的外部观察，给人以整体印象。但是就其完整性来说，不同的句法特点可能就有不同的完整意义。

语言学家赵元任曾发现"了"字后面常带有数量短语，这一现象具有普遍性。如：

(5) ① 小王穿了一件新上衣。
　　② 我读书读了三个小时。
　　③ 他去了上海三年。

例（5）中"了"所指的内容不同，句①中的"了"指"穿"这个动作的结果是一件新上衣。"一件新上衣"被赋予完整意义，句①中的完整性事实上指的是动作的结果，即"一件新上衣"的完整。"了"总括了"一件"而不是两件或三件。句②中"了"指的是"三个小时"，即从开始读到"说话"时已经三个小时，"了"字的完整性与其说表现读书的过程，还不如说是时间的过程，因为读书的过程和时间的过程是一致的，读书所用的时间恰恰是三个小时。这个例句中"了"表示的完整意义事实上指的是"三个小时"的完整。"了"总括了"三个小时"。同样的道理，句③中"了"的完整意义在于说明"三年"的完整。"了"总括了"三年"这一时间。

由以上分析可以看出，"了＋数量短语"表完成的句子中，其完整意义指向"了"字后面的数量短语，其中的"了"具有"总括"的意义。由于其完整性的要求，"了"字一般不能省去，否则意思就会不同。试比较：

(6) ① 他去了上海三年。
    ② 他去上海三年。

事实上，"了"字后面不跟数量短语的句子，其完整意义同样存在，这里的完整表明所述事件不可分解。

(7) ① 他碰了头，在那里哭呢。
    ② 他突然醒了，喃喃地叫我的名字。

例（7）中的①、②句中的动词都是瞬间动词，反映的是瞬间发生的事件，没有持续过程，动作的起点就是终点。"了"强调了其不可分解的整体性。

完成体的完整性还表现为过程的完整，这个过程的完整指的是整个动作过程有起点有终点，显示出其完整性。

1.2.4 时间先后关系

现代汉语完成范畴虽然讲的是事物所处的状态，事实上和时间密不可分。我们说某一件事已经完成，也就是说这件事是在过去时间里做的，当我们说某一件事已经完成，也就是说这件事是在过去时间里做的，当我们宣布做这一件事的时间是"过去时间"时，我们是拿"现在"作为参照点来对比的，相当于"现在"，做这件事的时间是"过去时间"。如果这件事在"过去时间"已经完成，有一个完整的过程，那么这个事件的状态就是完成范畴所要表达的内容。用句子表达，就是现代汉语完成范畴的标准例句。

（8）我吃了两碗面。

这是一例标准的表完成意义的句子，动作"吃"所在的时间和说话时间相比，是过去时间，到说话时为止，"吃"的动作已经完成，"吃"的结果已经出来。这样我们可以看出，完成"吃"的结果已经出来。完成范畴的时间意义事实上体现了一种先后关系，即动作所在时间发生在"参照时间"（有时是说话时）之前，到"参照时间"为止，动作已经完成。"参照时间"有时是"说话［如例（8）］参照时间"，有时是过去某一时间。如例（9）：

（9）到昨天为止，他一共去了三趟上海。

例（9）中"去了三趟上海"所对比的时间是"昨天"（过去时间），"去"所在的时间发生在"昨天"之前，它所体现时间先后关系是动作所在时间发生在"过去某一时间"之前，和"说话时"无关。

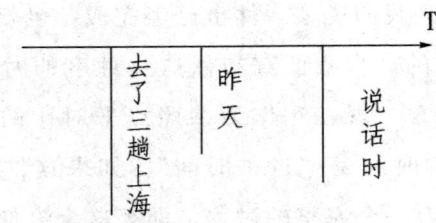

这种时间的先后关系,不只在现代汉语的完成范畴中存在,英语中的完成体,有过去时的完成体,如:

(10) He has lived Beijing for three years.
(11) He had gone to Shanghai three times by the end of last year.

例(10)是现在时的完成体,动作所比照的时间是现在时间(说话时),例(11)是过去时的完成体,动作所对比的时间是过去的时间,与说话时无关。

完成范畴的这种反映时间先后关系的特点在宏观上似乎也有反映。在表示先后动作长句里,完成句式用得比较多。

(12) 犁完了地,小顺将牛牵到树荫下休息。
(13) 看见二婶来了,我帮忙搬了把椅子,递给她。
(14) 溪水流过了山涧,流过了平原,最后汇集到大海里。

副词"又"在句中起连接两个先后动作的作用,表明动作的先后关系,在含时间副词"又"的句子里,完成句式用得比较多。

(15) 她向前扑了一下,没有冲上去,又被大火推了回来。
(16) 说了一会儿话,又吃了一顿饭,他才满意地走出满仓家大门。

时间词"……后"极易表现时间的先后关系，这样的连续小句中，"后"前小句多用完成句式。

(17) 吃过饭后，小张来找我。
(18) 看完电影后，我去了小明家。
(19) 小余洗了澡后，又去洗衣服。

"时间词＋之后"做状语，后面的句子多用完成句式。

(20) 一小时之后，我们来到了县城。
(21) 三分钟之后，一件精美的工艺品完成了。

1.2.5 至少有一个临界点

临界点是一状态进入另一状态的分界点，它包括起始点和终结点。

陈平先生认为：现代汉语完成与非完成取决于情状有无自然的终结点，以及有无向该终结点逐步接近的进展过程。

现代汉语完成范畴的主要特点体现在有无临界点上，有了临界点，时间过程就有了界限，哪些时间内是完整的一部分，哪些不是就很清楚了，如图在时间 T 线轴上，有了 A、C 点使得 AC 段时间成为一个完整体，C 点之后和 C 点之前截然不同。

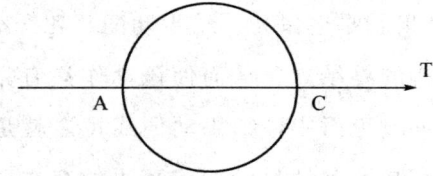

现代汉语完成范畴这种有临界点的特点在不同的动词上反映不同。

(22) ① 他看了书。
② 我踢了门。
③ 小王知道了这件事。
④ 小明打死了一只老鼠。

例（22）中，句①"他看了书"，"看"是一个持续性的动态动词，"看"动作有一个过程，到一定的时候，"看"动作停止了，整个动作也就完成了，"看"的过程中尽管看的内容不同，但"看"的动作是相同的，终结点的动作和过程中的动作没什么不同，整个过程既有起始点，又有终结点。句②"我踢了门"，"踢"是一个瞬间动态动词，"踢"的动作一旦发出，起始点也就是终结点，整个动作没有过程。句③"小王知道了这件事"，"知道"是一个表心理感觉的静态动词，"知道"状态一旦形成，以后就不太可能不知道，整个过程没有终结点，只有起始点，而这个起始点就是唯一的临界点，正是由于这个临界点的存在，才使此句有动态意义。

句④"小明打死了一只老鼠"，"打死"是一个动结式动词。"打"动作发出后，经历了一个过程。在这个过程中，"打"的方式不尽相同，但无论怎样"打"，"打"到终结点为止，这个终结点就是结果动词"死"。也就是说，无论怎样"打"，"打死"为止，"打"动作结果就是老鼠死。结果动词"死"给动作"打"界限化，成为该动作的终结点，从而使该动作具有完成意义。由此可见，动结式动词或短语中，结果动词或短语就是该动词表完成意义的终结点，正是由于结果动词或短语的存在，才能使动结式动词或短语具有表完成意义的功能。

1.3 完成范畴的主要形式标志

任何事物的存在都有其外部特征，现代汉语完成范畴动作作为语言中的一种现象，也有其外部特征，我们观察一个又一个表完成意义的句子，可以发现，完成范畴之所以能够存在，表达完成的意义，与下列要素有关：（1）动态助词（了，过）；（2）动词或动词短语（动趋势动词或短语、动结式动词或短语）；（3）时间词（时间名词或短语、时间副词）；（4）特殊句式（"把"字句、"被"字句、宾语前置句）。

以下分别列举说明。

第一，动态助词。动态助词表完成是现代汉语中最为常见的一种现象。我们可以随处找到这样的例子，它包括"了"表完成，"过"表完成。

(23) 何芬迅速地梳洗完毕，吃了一小碗泡饭，就要出门。
(24) 开门了，慧玲调皮地出现在我们面前。
(25) 吃过午饭，每个人都想美美地睡上一觉。
(26) 他去过天安门，受到过毛主席的接待。

第二，动词或动词短语表完成，包括动趋式动词或短语、动结式动词或短语。

(27) 大家都不说话，皮蛋的妈妈第一个悄悄退出去，别人也接着走了。
(28) 安华爸爸走到独醒面前，说："不要怕，我出去看看。"
(29) 他拿走了我的书，不知道什么时候还我。
(30) 你气跑了人家，怎么不惩罚你。

第三，时间词，包括时间名词，或短语、时间副词。

（31）现在，这梦被钉包装箱的铁榔头打碎了。
（32）此刻，一道闪电掀走了黑夜的帷幔。
（33）刚才，她默默地巡视了整个油库。
（34）我的心里一下子涨起了一股强烈的、怜爱的潮水。

第四，特殊句式，包括"把"字句、"被"字句、宾语前置句等。

（35）高加林把自行车放到路边，然后伏在大马河的桥栏杆上……
（36）我和你妈把你惯坏了，现在你这样叫我伤心。
（37）祝同康语塞，被捅到了痛处，他心里对这些问题也没有底。
（38）这些好心的同志被他骂怔了，猜不透是怎么一回事。
（39）座位找到了，现在只需坐在那里等电影开始。
（40）心都掏给你了，你还有什么不满足的。

值得提出的是，表成功的这些要素往往不是单独出现，它们或两两结合，甚至三个要素结合起来，共同表达完成的意义。

（41）我已经找过了几遍，他还是听不懂。
（42）他突然被眼前的场面吓傻了，不知道怎么办。

1.4 完成范畴的分类

完成范畴的分类，可以采取不同的规则。如果按时间分类，完成范畴可以分为过去完成、现在完成、将来完成；如果按完成的效果来分，可以分为实完成和虚完成。下面分别加以说明。

1.4.1 按时间分。这里的时间，指的是和完成动作所在的时间相对比的时间，即参照时间。

如果完成动作发生的时间是和过去时间相对比，即参照时间是过去时间，该完成为过去完成；如果完成动作发生的时间是和现在时间相比，即参照时间是现在时间，该完成为现在完成；如果完成动作发生的时间是和将来时间对比，即参照时间是将来时间，该完成为将来完成。

1.4.1.1 过去完成。完成动作所在的时间在过去时间之前，即在过去某一时间之前动作完成，句中必须出现过去的时间。

(43) 直到去年春节，他们才卖完剩余的货。

(44) 一九七九年夏天，我考上了大学。

1.4.1.2 现在完成，完成动作所在时间在现在时间（往往是说话时）之前，即在现在时间之前该动作已经完成。

(45) 我来北京已经整整三年了。

(46) 今天，我逛了一次南海公园。

有时表示经常发生的事，这样的完成也是现在完成。

(47) 每天跑完了操，他总是要洗洗澡。

(48) 她经常来东家说西家，嘴再没闲过。

1.4.1.3 将来完成，完成动作所在时间和将来时间相对比，参照时间是将来时间，句中必须有将来时间出现。

(49) 到 2008 年，中国肯定争取到奥运会的申办权。
(50) 下月的这一天，我就毕业了。

1.4.2 按完成的效果来分，可分为实完成和虚完成。实完成是指事实上已经完成了，指明完成的现实性，可信性。包括过去完成，现在完成。虚完成指到现在为止，即到说话时为止，还没有完成，不具备完成的现实性，可信性，有的是预计将来完成，有的是用了完成范畴的形式标志，却没有表达到完成的意义。它包括将来完成。

1.4.2.1 实完成，包括现在完成，过去完成。

(51) 我拿了几本书，匆匆走进教室。
(52) 记得夏日里有一天，突然下起了瓢泼大雨。

1.4.2.2 虚完成，现实情况下没有完成。

a. 将来完成

(53) 明天，我肯定去了北京。

b. 用完成范畴的形式标志，没有表达完成的意义，这样的虚完成的句子里，常有这些词语："差一点""几乎""原以为"等，有时用虚设语气表虚完成。

(54) 我差一点被他打倒。

(55) 我原以为钢嘎·哈拉会把你摔下来。

(56) 你不说这话，我几乎被他骗了。

(57) 倘若被生活淘汰，在人生的路途上当个留级生太不光彩。

(58) 等你结了婚，生了孩子，就知道生活的滋味了。

(59) 离开了父母，我就活不到现在。

(56)—(59) 表假设语气的句子，也是虚完成。

二 完成范畴的表达

2.1 动态助词表完成

一般认为"了"和"过"是完成体的标志，动词后面加上"了"或"过"表明动作或事件已经完成。例如：

(1) 我吃过饭了。

(2) 我吃了饭了。

例(1)动词"吃"后加动态助词"过"，表明吃的动作已经完成。例(2)中"吃"后加动态助词"了"，同样表示动作的完成。但"了"和"过"并非如此单纯，内部存在差别。举例来说。

(3) 吃过饭后，你去你二婶家。

(4) 我去过西湖，那里的风景不过如此。

(5) 他问了我几句话，我没有回答。

(6) 我住在北京已经十年了。

例(3)中的"过"可用"完""罢"代替，表示动作的完成。例(4)中的"过"表示曾经去过的意思，是经历过，经历上的完成。两例中"过"意义上有明显的差别。例（5）中的"了"表示"问我几句话"事件的完成，用于句中。例（6）中的"了"用于句末，表示语气和出现新情况，有成句的作用。事实上是表完成的"了"和语气词的综合。例（5）、例（6）中的"了"有明显的不同。我们把例（3）中的"过"所代表的一类称为"过1"，例（4）中的"过"所代表的一类称为"过2"；把例（5）中的"了"所代表的一类称为"了1"，把表示语气的"了"称为"了2"。例（6）实质上是"了1＋了2"，是表完成的"了1"和表语气的"了2"的结合。下面主要探讨"了1""过1""过2"与完成范畴的关系。

2.1.1 了1

了1用于句中，表示完成，现代汉语中大部分完成句式是靠了1表示的。

（7）经历了二十二年相思的折磨和痛苦的煎熬，张铁匠和王腊月终于复婚，找到了原本属于他们的幸福。

（8）年轻人离开了张家小院，却给张家小院留下了忧郁和烦闷。

（9）走一程，又一程，过一村又一村。张铁匠的扁担上已经刻下了九十八道印痕。

（10）男孩立即停止了啃啮，惊疑地眨动着眼睛。

了1表完成，可以有多种情况，有的地方它单独表完成，不和其他表完成的要素结合。

A. 单独表完成

a. 了1＋数量短语

（11）父亲拿了几个橘子，蹒跚地向月台走去。

(12) 北京我来了三年，还不习惯这里的生活。

(13) 他头上碰了一个大包。

b. 了1+后续小句

(14) 吃了饭，他又拿起书本，如饥似渴地啃起来。

(15) 跨过了前门，他一直走到后院。

(16) 他说了几句话，就匆匆忙忙地走了。

B. 和动趋式，动结式动词短语连用

a. 动趋式+了1

(17) 高加林身子僵硬地靠在炕栏石上，沉重地低下了头。

(18) 他妈见他平息下来，便从箱子里翻出了一件蓝布衣服。

(19) 我走进了中央大厅，立即被四周光彩夺目的灯光吸引了。

b. 动结式+了1

(20) 阿赛打了个寒战，睁开了热血粘住的眼睛。

(21) 他的一番话彻底地摧垮了我的自尊心。

(22) 我唤醒了他，他迷迷糊糊地问我什么事。

C. 和时间词连用

a. 和时间名词或短语连用

(23) 昨天，我们游览了几个风景点。

(24) 下午两点,我们已经做好了准备。

(25) 后来,他吃了药就睡了。

b. 和时间副词连用

b1. 和"已、已经"连用

(26) 我们醒后,时间已到了中午。

(27) 我已经跟他说过了几次,不知道他是否还记得。

b2. 和其他时间副词连用,如"突然、一下、马上"等

(28) 突然,树林那边扬起了烟尘。

(29) 他马上吃了饭,和我一块儿走了。

(30) 我一下子感觉到了无比的温暖,眼泪在眼眶里打转。

(31) 骤然间他跃上了马背,肝胆欲裂地喊着……

D. 和过1连用

(32) 吃过了饭,他就出发了。

(33) 刚玩过了电子游戏,你还准备玩什么?

E. 和了2连用

(34) 这本书我看了三天了。

(35) 这样的事我做了好几次了。

(36) 这个梦我做了好几回了。

F. "把"字句、"被"字句中用了1，多数情况下是了1＋了2

(37) 他把钱拿了出来，略表歉意地向我点点头。
(38) 现在他把这件事重新提了出来，目的是向我示威。
(39) 今天，买卖全被一个高身材的小伙子抢去了。
(40) 刘思佳把汽车停在上风头，汽车立刻被白粉吞没了。
(41) 他被我们赶了出来，肯定憋了一肚子气。

了1表完成，有时可以省去，有时必须用。

(42) 一会儿工夫，她的头上蒙上（了）一层厚厚的白灰粉。
(43) 阿赛打了个寒战，睁开（了）热血粘住的眼睛。
(44) 吃了饭，我去上学。
(45) 他熬红了眼睛，仍不愿放下书本。

例（42）、(43)"了1"可以省去，例（44）、(45)不可省。

了1的省去与否，有很多制约条件，可以从语法、语义、语用三个方面探讨，由于情况比较复杂，这里不作太多讨论。只从四个方面说明了1必须出现的条件。

a. 了1后有数量短语，了1前动词或动词短语是非动趋式、非动结式的动词或动词短语，且句末又没有"了2"出现的情况下，了1使用的概率比较大。

(46) 他皱着眉头又抽了一口，然后赶紧再漱嘴。
(47) 我找它们娘俩，找了九十九个村子。
(48) 张铁匠深深地抽了一口旱烟，又缓缓地把一缕青烟吐出来。

(49) 他拿了一本书，匆匆地走进教室。

b. 了1用在形容词后，表完成，了1必须出现，了1后往往有宾语。

(50) 春天来了，绿了河边的小草，清了山涧的溪水。
(51) 解净红了脸，硬着头皮说……
(52) 何蝉又多了桩操心事……
(53) 我们俩好了一辈子，想不到老了却弄僵了。

c. 有动动词，如"病、倒、跌、灭"等表完成时，了1一般不省去。

(54) 他病了一段时间，看起来憔悴多了。
(55) 团团跌了跤，趴在地上不起来。
(56) "四人帮"倒了台，人民翻了身。
(57) 电灯灭了几个小时，突然又亮了。

d. 时间词注明时间的先后关系，这时表先发生的动作完成的小句里，了1一般不能省。

(58) 看了一会儿书后，李明去上街了。
(59) 挨了一顿打后，他变老实了。
(60) 拿了几本书，他嫌不够，又拿了几本。

了1表完成的句子，有其否定形式，一般情况下是动词前加

"不"或"没有",否定之后,了1后就不能再跟宾语,即不能有"不(没)V了1O"的形式出现,例(61)、(62)是病句。

(61) 他没打了人,怎么骂他?*
(62) 我不喊了他,他挺生气的。*

这是因为了1表完成,后面的宾语应该是完成的结果,动词前加"不"是对完成的否定,否定了完成,自然就产生不出完成的结果,所以,表否定且动词后带宾语的情况下,了1不能出现。

特殊情况下,表否定的完成句式中的了1后的宾语是可以出现的,也就是说"不V了1O"是可以成立的。

(63) 这盆垃圾不倒了它,放着它干啥?
(64) 这辆自行车这么旧了,不扔了它,要它有什么用?
(65) 不吃了饭,谁也别想走!

这种情况都有一定的前提条件,即"不V了1O"句是表假设的虚完成,整个句子表反问或祈使语气,陈述句一般产生不了这样的句式。并且前面有提示的前置宾语做主语。

2.1.2 过1

过1表完成,意义相当于结果动词"罢""完",看一下例句。

(66) 洗过碗后,我们一块打扑克吧。
(67) 想过心事,他才慢腾腾地起床。
(68) 吃过午饭,他老想睡觉。

有时候过1和了1可以互换:

(69) 吃过饭了～吃了饭了

(70) 吃过饭再说话～吃了饭再说话

过1和了1都表完成，过1出现在连动式中，更易和了1互换。

(71) 说过话再吃饭～说了话再吃饭

(72) 打过球去洗澡～打了球去洗澡

过1和了1可以连用，使完成的意义增强。

(73) 试过了机器，张技术员连说好!

(74) 喝过了几杯酒，小刘的脸开始红起来。

过1和了1，可以用了1的地方不一定能用了1，具体表现在：

a. 动趋式、动结式动词后面不用过1，要用了1。

b. 瞬间动词不和过1连用。

c. 多数形容词不和过1连用。

2.1.3 过2

过2表经历上的完成，现代汉语中过2的使用频率要高于了1和过1，很多动词不能和了1连用，但能和过2连用，使用过2的例子：

(75) 天安门！蝉姐，你还当过红卫兵，真看不出。

(76) 母亲什么时候对何蝉满意过呢？但到底是女儿呀，听哥哥这么一说，何蝉蓦地心酸。

过2可以和了1连用。

(77) 这个地方我去过了几回，没什么好玩的。

(78) 吃过了几年大锅饭的苦头，农民们才热切地希望土地能承包下来。

过2和了1可以替换。

(79) 几年前，我去过两次上海。
　　　几年前，我去了两次上海。

(80) 前天，厂里来过一个技术员。
　　　前天，厂里来了一个技术员。

过2和了1的区别在于：了1表现实的完成，过2表经历上的完成。了1的动作可以延续到现在（说话时），过2的动作只可以延续到过去某一时间；了1动作的结果可能延续下来，也可能未延续下来，过2动作的结果完全可以延续下来。

(81) 他去了上海。
(82) 他去过上海。

例 (81)"他去了上海"，动作"去"可能现在还在发生，可能他正在去上海的途中。例 (82)"他去过上海"，动作"去"肯定是过去时间内发生的，和现在无关。"他去了上海"动作的结果是他可能现在就在上海，也可能他从上海又去了别的地方，现在不在上海了，但"他去过上海"可以肯定他不在上海。

过2表完成，也有其否定形式，一般是动词前加"从未、从来没有"等否定短语。

(83) 我从生下来就没胖过。
(84) 我从来没有见过天山天池，更难想象那里迷人的风光。

过2后面可以跟宾语。

(85) 他曾经去过伦敦、巴黎等几个大城市，对欧洲的印象不错。
(86) 他吃过没有学问的亏，坚决不让下一辈人再吃这个亏了。

过2常与时间副词"曾、曾经"连用，几乎所有用过的句子，前面都有或都可以加上"曾、曾经"。

(87) 我曾经三年没去过姥姥家，怕的是舅舅打我。
(88) 他曾不止一次地向我提起过你，所以我对你的印象很深。

过2表示精力上的完成，但经历可能不止一次，有可能是两次、三次，或多数次，所以过2后常常跟有数量短语。

(89) 并非仅为知青们在其屋宇下做过多少梦，那祠堂里村里唯一的青砖建筑屋……
(90) 你怎么不回家看看呢？这几年你就是阿爸死那阵回过一趟。
(91) 何蝉仰望着尚未竣工的大楼脚手架，不禁想起自己做过好几回的梦。

（92）他过去读过那么多中外小说，足够用来编织好多动人的梦幻。

（93）插队时夜里点煤油灯读线装的《红楼梦》，哭过多少分回？

（94）是啊，当然是自己带好罗，我雇过的保姆换过三个啦，总不中意。

2.2 时间词表完成

时间是指事物发展的顺序性和持续性，事物的发展有先有后，发展的时间有长有短，有连续的，有间断的，反映在语言里，就构成了语言的时间结构。时间是一维的，他自始至终都在运动变化着，作为表达思想的物质外壳，不可能不留下时间的痕迹，英语中时和体紧密相连。现代汉语中，时间词往往与体有联系，不同的体式就有与之相联系的时间词，这里只讨论时间词语与完成体的关系。

我们通常把时间词分为时间名词或短语和时间副词，根据时间的特点又可分为时点、时段和时频。时间名词或短语如：昨天，上午，去年，明年春天等；时间副词如：突然，马上，一下，刹那间等；时点如：那个时候，刚才，五分钟前等；时段如：一小时，两天，三年，一会儿，马上，一下等；时频如：三次，很少，经常，每天，老等。可以看一下时间词和完成范畴连用的情况。

（1）她脸上那种纯真可爱的笑容消失了，永远消失了，她突然长大了十岁。

（2）一会儿工夫，他的头上就蒙上了一层厚厚的白灰粉。

(3) 小塔娜一下惊呆了，骤然间感觉到暮色中荒漠冷冷清清地空旷起来。

例（1）中"突然"表示极短的时间，极短的时间内动作完成，事实上反映出"她"变化极大。例（2）中"一会儿工夫"表示较短的时间。例（3）的"一下"同例（1）。

这些时间词一般不能与表时间持续的"着"连用。试比较：

(4) {a 她突然说了话。
    b 她说着话。

a 句"她突然说了话"只是很短时间"她说了话"，说话是在极短的时间内完成的动作；b 句没有时间限制，表示一种持续的状态，如给予他时间限制，则 b 句不成立。

b1 他突然说着话。

可见完成是在特定时间内的完成，有一定的时间限制，持续体没有时间限制，带有范围性的时间词能与完成体连用，不宜与持续体连用。

(5) {a 三天内他写了一篇文章。
    b 三天内他写着一篇文章。

(6) {a 这本书他看了两个小时。
    b 他看着这本书看了两个小时。

表时段的时间词都具有范围性，持续体不宜与表时段的时间词连用，即使连用，表达的意义也不相同。试比较：

(7) { a 三天她写了一篇文章。
    b 三天她一直写着（这）一篇文章。

a 句中的动词"写"后加"了"表完成，"三天"作为一个整体时间来说明动作的，即动作经历的时间总体为三天，"了"包括了"三天"这一整体时间。b 句用"着"表持续，指的是"三天"中一连串时间点，在这些连续的时间点上，动作正在发生，"着"并不能总括"三天"，这里的"三天"是作为一个分解的时间、连续的时间来说明动作的。虽然用的是时间段，而它实指的是时间段内的一个个连续的时间点，所以这种情况并不能说明"着"所表示的时间是时间段。

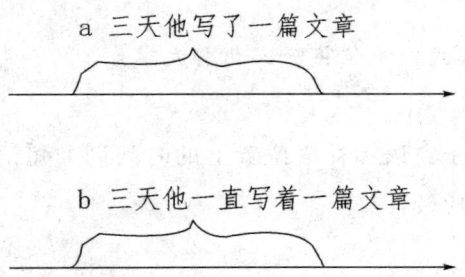

下面我们分类讨论一下时间词或短语与完成范畴连用的情况。首先看时间名词或短语与完成范畴连用的情况。

(8) 昨天，我去了南海公园。

(9) 这时，全竹端来了一盘炒黄豆，一碟子盐浆和一壶酒。

(10) 半个月来，他很少咽下去饭，也难得睡上一个好觉。

(11) ……背得那姑娘喊天，回来后躺在被窝里哭了一夜。

(12) ……漱了好几次，嗓子里那股臭烘烘的烟味仍漱不掉。

(13) 每天，黑马驹喝了一小桶奶后，常在柔软的草地上挺直脖子。

上面例句中,例(8)、(9)属于时点(昨天,这时);例(10)、(11)属于时段(半个月来,一夜);例(12)、(13)属于时频(好几次,每天)。

时间名词或短语和完成范畴连用,时间一般是过去时间、现在时间,不宜用将来时间。试比较:

(14) 前天,我们单位分来了几名大学生。
(15) 明天,我们单位分来了几名大学生。

上两例中,同样的句子,换一下时间词,例(14)就不能成立,如果列(15)表将来完成时,则可:

(16) 明天我们单位将分来几名大学生。

另外,位于宾语和补语位置上的时间词或短语,是极难与持续连用的,试比较:

(17) 张老师病了一个月,还没有好。
(18) 张老师病着一个月,还没有好。
(19) 小强子失踪了十年,没想到又回来了。
(20) 小强是失踪着十年,没想到又回来了。
(21) 他找了我三次,我都不在家。
(22) 他找着我三次,我都不在家。

上例(21)、(22)为时频,在补语位置,不能与持续体连用。

问题并不那么简单,位于句首做状语的时频仍不一定能和持续连用,试比较:

(23) 每月他寄了200元后,他的工资就所剩无几了。

(24) 每月她寄着200元后,这样他的工资就所剩无几了。

根据以上分析,我们可以得出时间名词或短语和完成范畴连用的一般情况:

A. 时间名词或短语表时点的一般用于主语状语位置,很难用于宾语位置。

a. 用在主语位置

(25) 昨天下了一场雨。

(26) 五分钟前发生了一起凶杀案。

b. 用于状语位置

(27) 那个时候,我已经知道了什么叫耻辱。

(28) 以前,我去过北京三次。

c. 不能用在宾语位置,下两例为病句

(29) 他出去了两点钟,还没有回来。

(30) 我吃了一刻钟之后饭,拿起书本去图书馆。

B. 时间名词或短语表时段的可以用在主语位置、状语位置、宾语位置,多数情况下用于宾语位置。

(31) 整天逛了马路逛商场。

(32) 三天打了我两顿,这日子怎么过呀!

(33) 好长时间，他才从教室里走出来。
(34) 上海我住了三年，还住不习惯。
(35) 我等了几个小时，还不见她来。
(36) 他走了几天了，不知道去哪了。

例（31）、（32）用在主语位置，例（33）、（34）用在状语位置，例（35）、（36）用在宾语位置。

C. 时间名词或短语表时频的，可以用在主语、状语、宾语位置。

(37) 每月寄出去20元，一分也不少。
(38) 每天去了一趟学校就犯脾气。
(39) 每天晚上，他看了《新闻》才睡。
(40) 他每月领了钱就下馆子。
(41) 他去了北京三次，都没有买到这本书。
(42) 这些话我说了几遍了，不再重复。

例（37）、（38）在主语位置，例（39）、（40）在状语位置，例（40）、（41）在补语位置。在补语位置上的时频，不和持续体连用，试比较：

(43) 他反复校对了几次，没有发现错误。
(44) 他反复校对着几次，没有发现错误。
(45) 这篇文章她抄了三遍。
(46) 这篇文章她抄着三遍。

下面我们看一下时间副词和完成范畴连用情况。

(47) 刚吃过饭，队里的铃就响了。

(48) 老两口的脸上顿时又恢复了核桃皮状，不由得相互交换了一下眼色。

(49) 老两口一下木然了，满窑里死气沉沉。

(50) 他马上拿出了几本书，递给我。

(51) 窗户不时被闪电照亮，爆裂的雷声接二连三地吼叫着。

上例中（47）为时点，（48）、（49）、（50）为时段，（51）为时频。

时间副词表时点、时段的一般都很难与持续体连用，表时频的却经常与持续体连用。试比较：

(52) 刚说了几句话，小王就来了。

(53) 刚说着几句话，小王就来了。

(54) 他突然叫了起来，吓我们一跳。

(55) 他突然叫着起来，吓我们一跳。

(56) 他经常带了阿黄（狗），满树林里跑。

(57) 他经常带着阿黄，满树林里跑。

(58) 他老拿了我的书，当扇子扇。

(59) 他老拿着我的书，当扇子扇。

上例中（52）、（53）表时点，（54）、（55）表时段，（56）—（59）表时频。

下面我们谈一谈几个比较常见的时间词表完成，或与完成范畴连用的情况。

A. 已经

"已经"表完成最常见，一个句子一旦用上了"已经"，其完成义就明显表现出来。

(60) 抬头看钟表，已经下午三点了
(61) 晚上九点钟，他已经做完了作业。

"已经"句和"曾经"句不同，它表现的是一个动态的事件，而"曾经"句则表现的是一个静态的事件。试比较：

(62) 他已经去了上海。
(63) 他曾经去过上海。

"已经"并不一定非和"了"连用不可，但事实上，有"已经"的句子必定可以加上"了"字，试比较：

(64) 时间已是中午，我们要见的人还没有来。
(65) 时间已是中午了，我们要见的人还没有来。
(66) 她已二十八，还有几年不嫁人？
(67) 她已二十八了，还有几年不嫁人。

B. 又

"又"作为时间副词，常常和完成句式连用，经常出现在前后重复或相继的两个动作的后项上。"又"本身表明时间和动作的重复或变化。由于变化的时间或动作总有个先后关系，先出现的时间，先发生的动作就可以认为完成了的"时间或动作"，这些动作一般形式上都带完成的标志，如带"了""过""动趋势、动结式动词或词语"等，我们可以对之进行分类，借以说明时间副词"又"经常用在完成句式中。

a. 又和了1连用

(68) 又说了他几句,我感到是时候了,就悄悄地溜走了。
(69) 又看了几眼,觉得复习得差不多了,就匆匆走进考场。

b. 和动趋式动词或短语连用

(70) 她又来到了何顺家,何顺刚睡着又被喊了起来……
(71) 时隔两年,我又回到了母校。

c. 和动结式动词或短语连用

(72) 他整理完文件,又去搞灯泡。
(73) 打跑了日本人,又来了国民党。

d. 前一分句有"了",后一分句用"又"

(74) 劝了小张几句,又回头劝小王。
(75) 喝了一杯茶,他又看起书来。

e. V了又V……

(76) 讲了又讲,你们总是不听。
(77) 挑了又挑,他还是找不到合适的。

f. V过……,又……

(78) 吃过饭，他又看书。
(79) 睡过觉后，他又出去了。

g. 又与"把"字句连用

(80) 做完了饭，又把房间整理了一下，她才出去。
(81) 打好了包，我又把书装到里边，他要走了。

h. 和"被"字句连用

(82) 不要再说了，又被他们抓住话柄，反而不好。
(83) 她向前扑了一下，没有冲上去，又被大火推了回去。

和"又"相比，时间副词"才""也"和完成句连用的情况相对少些。

(84) 做完了所有的作业，他才去看电视。
(85) 好半天，丁一才断断续续地听清楚：他的饭票丢了。
(86) 他和亚萍深入接触，才感到她太任性了。
(87) 话回答得很不爽利，半晌才道出一个"可以"。
(88) 一会儿工夫，她的头上、身上就蒙上了一层厚厚的白会粉，耳朵眼里、鼻子眼里也叫白粉塞满了。
(89) 他走后，我也去了。

例（84）—（87）为"才"，（88）、（89）为"也"。

2.3 动词或动词短语表完成

动词或动词短语表完成，包括动结式动词或短语表完成、动趋式动词和短语表完成。

2.3.1 动结式动词或短语表完成

动结式动词短语是指由两个动词或是一个动词跟一个动词或形容词组成的组合式述补结构,如果它的第一个成分用 V1 表示,第二个成分用 V2 表示,这个动词就可写作 V1V2,看例句。

(1) 小吉儿喊醒了阿爸。阿爸咕哝了一句什么。
(2) 此时,一道闪电掀走了夜里的帷幔。(1547)
(3) 有时,早晨在迷糊中被奶奶和索米娅推醒,我揉着……
(4) 它(阿赛,母驼)垂着长长的脖子,眨着善良的眼睛,努力地搞清楚小姑娘为什么生气。
(5) 其他悲哀的骆驼马上长号着以示响应,横七竖八地搞乱了驼列的队形。
(6) 这峰母驼并不因驼羔的夭折而失去奶水,而是由于小塔娜的温情照顾,反而奇迹般地增多了。

例(1)中的"喊醒",例(2)中的"掀走",例(3)中的"推醒",例(4)中的"搞清楚",例(5)中的"搞乱",例(6)中的"增多"等都是动结式,有的是动词,有的是动词短语,其中,例(1)、(2)、(3)中的动结式是由"动词加动词"构成,例(4)、(5)、(6)中的动结式是由"动词加形容词"构成。

据考察,现代汉语里很多句子表达完成意义,是靠动结式动词短语的参与辅助完成的。这一点吕叔湘先生早就有论述。他在1987 年发表的论文集《疑问·肯定·否定》(上海教育出版社)一文中指出:"表方位之上、下,表向背之出、入、来、去,表讫之起、住,表效验之了、着、定、成,以及其他诸多限制动态,乃至说明宾语词,凡此种种皆已结束动词之趋向为其作用。姑总称之结动词。"同一篇文章中又说:"动结式、动趋式短语都带有完成的意思。"这两段话语说明了动结式、动趋式动词或短语具有和动态助词"了"相同的语法意义——表完成。现代汉语中的句子,有的直接用动结式动词和短语表完成。

(7) 他吃饱饭后,走出了食堂。

(8) 他拨开乱草,突然发现了自己丢失很久的钱包。

(9) 高德骧读够一段,歇下来擦拭口角的泡沫……

(10) 马兰本来有些顾忌,但经村主任挑明,反不好承认,索性端起碗……

有的后面跟动态助词"了"表完成,这样的例子很多。

(11) 教授的儿子吓晕了,脸色惨白。

(12) 他一反常态,冷酷地撵走了极度悲哀的阿赛。

(13) 三摇两晃,几乎把毡壁的支架哈纳摇散了架,差点把蒙古包晃倒了。

(14) 男孩子们吵闹了一辈子,也就喊腻了。

只有少数动结式和"过"连用,表完成义。

(15) 他曾经提醒过我,做事一定要有分寸。

(16) 尽管活很累,可我还没有累倒过。

(17) 十年以前,他逼走过高二石,没想到今天他的子孙正遭受着和高二石一样的命运。

这些句子一般带有表过去的时间状语,如例(15)中的"曾经",例(17)中的"十年以前"等。

为了说明时间词或短语、动态助词,以及动结式动词或短语(以下简称动结式)与时间词、动态助词结合的情况,下面分别给以考察。

2.3.1.1　动结式和时间词或短语结合的情况

2.3.1.1.1　动结式和时间词或短语结合的情况

2.3.1.1.1.1　可以和过去时间连用

(18) 昨天,我打碎了一个玻璃瓶。

(19) 前天,他气哭了小明。

2.3.1.1.1.2　可以和现在时间连用

(20) 今天,我国乒乓球队捧走了世乒赛的奖杯。

(21) 现在,这么被钉包装箱的铁榔头打碎了。

2.3.1.1.1.3　可以和将来时间连用

(22) 到2000年,他将打败所有的对手。

(23) 明天,他将来这里和你商谈。

与将来时间词或短语连用,动结式动词或短语后不能加"了"。

2.3.1.1.1.4　可以和表时点的时间词连用

(24) 一路上饱经折磨,晚上九点才赶回佳津。

(25) 下午两点多,它又从葱茏的冈丘旁,亲昵地迎回了小姑娘。

2.3.1.1.1.5　和表时段的时间词或短语连用

(26) 三天里他打碎了两只茶瓶。
(27) 两天来粮食产量提高了三千吨。

表时段的时间名词或短语不能用在动结式的后面，这和"动词＋了"表完成有所不同，试比较：

a 一顿饭他吃了一天。
b 一顿饭他吃饱了一天。*
c 这条鱼活了十天。
d 这条鱼养活了十天。*

b、d 句为病句，b 可以说"一顿饭他吃了一天"或"一顿饭他饱了一天"，d 可以说"这条鱼养了十天"或"这条鱼活了十天"，动结式之所以后面不能跟表时段的名词或短语，是因为动结式后一成分 V2 给前面的 V1 界限化，从而使结果动词或形容词 V2 所表达的时间段无所依从。"吃饱"是从"吃"开始到"饱"为止，中间包括了"吃"的过程，也就是逐渐饱的过程。事实上，"饱了一天"所指代的时间段，和"吃了一天"所指代的时间段是不一致的。如图：

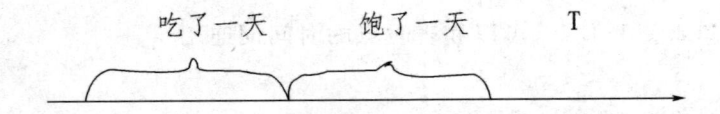

吃了一天　　饱了一天　　　T

这样，"吃饱了一天"本应该是一个时间段，却暗含了两个时间段，与完成体所要求的一个时间段相矛盾，这就是动结式后不跟表时间段的时间词的原因。

2.3.1.1.1.6 与表时频的时间词或短语连用

(28) 每天早晨,它总温顺地等小塔娜挤完奶,随之离开驼群。

(29) 小塔娜好几次悄悄撵走了阿赛,生怕惊动了放驼人……

时频也可用于动结式后,其位置是宾语后面。

(30) 他气哭了小明三次。

2.3.1.1.2 动结式与时间副词连用
2.3.1.1.2.1 和表时点的时间副词连用

(31) 什么?老两口同时惊叫了一声,张开的嘴巴半天也合不拢了。

(32) 戴冰刚刚办完手续,局里就听说地委已经停止了傅局长的工作。

2.3.1.1.2.2 和表时段的时间副词连用

(33) 我翻身下马,一下子撞开了家门。

(34) 他突然失声痛哭起来,络腮胡子上挂满了悔恨的泪水。

2.3.1.1.2.3 和表时频的时间副词连用

(35) 他开始穿衣服,每穿完一件,总要愣怔半天,才穿另一件。

(36) 窗户纸不时被闪电照亮，暴烈的雷声接二连三地吼叫着。

2.3.1.2 动结式和动态助词结合的情况
2.3.1.2.1 动结式和了1结合的情况
2.3.1.2.1.1 多数情况下和了1结合

(37) 满仓却偏过脸，避开了他的眼睛。

(38) 方贞圆急傻了眼，趁傅连山醒过来时，左一句右一句地紧追。

2.3.1.2.1.2 也可以不和了1结合

(39) 二猛就势一扬，把耙头举到了头顶："挖完就回来，是准备种萝卜吧？"

(40) 今儿个显然发生什么事了，看把娃愁成个啥！

2.3.1.2.1.3 下列情况下宜和了1结合

a. 动结式构成的双音节短语，V2 为形容词，且 V2 语义上表述主语，句末没了2出现时，了1要出现。

(41) 老傅急昏了头，中午又在吃午饭时给王局长挂了一个长途电话。

(42) 方贞圆急傻了眼，趁傅连山醒过来时，左一句右一句地紧追。

b. 动结式构成的双音节短语，V2 为形容词，且 V2 语义上表述宾语，由于 V2 与宾语之间在语义上、语法上有组合关系，了2不出现，这时表完成，了1要出现。

(43) 闪电一次又一次染白了一尊青石雕像。
(44) 她哭红了眼，一句话也不说。

c. 动结式构成的双音节短语，V2 为动词，且 V2 语义上表述主语，句末了2不出现，这时表完成，了1要出现。

(45) 他喝醉了酒。
(46) 她一头扑进方贞园的怀里，"哇"的一声，泪涌如泉，差点哭闭了气。

d. 动结式构成的双音节短语，V2 为动词，且 V2 语义上表述宾语，由于 V2 与其宾语语义上有组合关系，了2不出现，这时表完成，了1要出现。

(47) 你在走路的时候，无意中被一块小石子硌痛了脚……
(48) 他一句话说笑了阿爸，阿爸拍了拍他的肩头。

2.3.1.2.1.4　从语用上看，下列情况宜用了1

a. 动结式动词短语所在的部分是一个句子的前一个小句，其后还有后续的小句，前后两个小句时间关系很明显，这种情况下，动结式后宜用了1。

(49) 吃完了饭，小吉尔拿起书包去上学。
(50) 打开了门，我径直走进屋里。

b. 在叙述连续动作的几个小句中，如果前几个小句没有了1出现，最后一个小句中的动结式后宜用了1。

（51）老母亲手里的舀面瓢掉在锅台上，摔成了两瓣。
（52）她一头扑进方贞园的怀里，"哇"的一声，泪涌如泉，差点哭闭了气。

c. 直接引语中前后的动词，其后如有其他成分，宜用了1。

（53）高加林烦躁地转过脸，对他父母发开了火："你们真笨……"

2.3.1.2.2 动结式和过1结合的情况

（54）他摔过杯子，又摔碟子。

这句话不成立，例句中的过为"过1"，如果我们还从时间角度考察，这种不成立是必然的，这与过1对前面动词的时间限制有关。

"他摔碎杯子"事实上包括两个动作，其一是"摔"的动作，其二是"碎"的动作，这两个动作的发生时间上是不一致的，而且，对前面动词的要求是发生在同一时间点，这就造成了动结式表达的两个动词或状态发生或所处时间上不一致性与过1要求动作发生时间一致性的矛盾，这种潜在的矛盾无法调和，致使动结式和过1形式上不可搭配。

试比较：

a 吃过饭，他去洗碗。
b 吃完过饭，他去洗碗。

a 例中"过"前只有一个动词，不存在或状态发生或存在时间的不一致性。

b 例是一个动结式短词，包含"吃"的动作，饭吃完的状态，在时间轴上表示为：

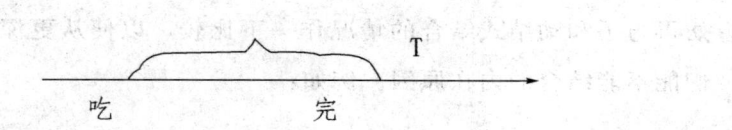

显而易见，吃的动作和"完"的状态在时间轴上不是同一时间点。

2.3.1.2.3 动结式和过2连用，且这种情况不太常见

（55）他曾经被打倒过，但那是时代强加给他的罪名。
（56）小明打碎过一个杯子，和这个一模一样。

动结式之所以能够和过2连用，这是由过2表完成的特点决定的。过2表完成是经历上的完成，经历完成的动作或状态，不可能只有一种。例如：

（57）他曾经打碎过一个杯子。

自然"打"动作和"碎"动作是两个动作，并且这两个动作并不是同一时刻发生的，而由两个动作发生的先后时间点构成的时间段正是过2所要求的经历上的时间段，如图所示：

```
          过2        T
       ┌───┴───┐
   ────┴───────┴──────────→
       打     碎  参照时间
```

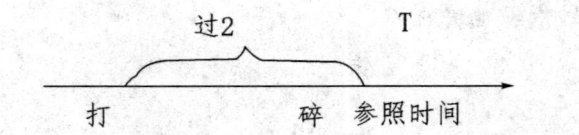

这样，尽管两个动作发生的时间不一致，但过2的要求是经历，那么两个时间点构成的时间段正好满足了过2的要求，也正是如此，过2可以和动结式连用。

我们知道了过2、过1和动结式结合和不能结合的原因，不妨再与了和动结式结合的情况作一下比较，以便从更深层挖掘它们能不能结合的内在原因。例如：

(58) 他打碎了一个杯子。

动结式可以和了1使用，也可以从时间上找原因，事实上，这样一个表完成的句子里，包含的时间因素是从动词"打"发生的时间到杯子碎的时间之间的时间段，因为它表示的是现实的完成，在时轴上：

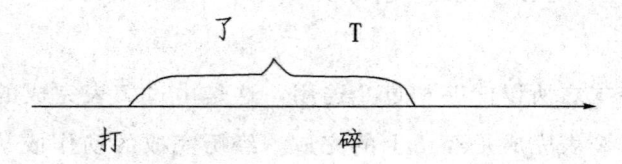

```
           了    T
       ┌───┴───┐
   ────┴───────┴──────────→
       打     碎
```

表示这与过2不完全一样，"他打碎过2一个杯子"是经历上的完成，其时间段为经历上的时间段，图解为：

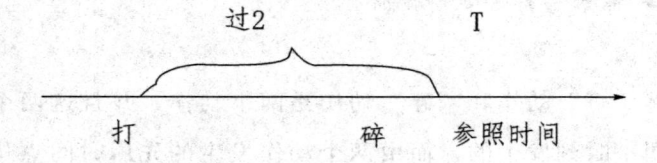

```
          过2        T
       ┌───┴───┐
   ────┴───────┴──────────→
       打     碎  参照时间
```

过2的参与表明"打碎"所表示的时间段已属过去。

过1之所以不能和动结式连用，是因为过1的要求是动作结束后的时间点，与动结式 V1、V2 所表示的时间段相矛盾。

2.3.2　动趋式动词或短语（以下简称动趋式）表完成

动趋式是"动词＋趋向动词"构成的词或短语，下面分别就动趋式和时间词或短语、动态助词结合的情况分别给以考察。

2.3.2.1　动趋式和时间词或短语结合的情况

2.3.2.1.1　动趋式和时间词或短语结合的情况

2.3.2.1.1.1　可以和过去时间连用

(59) 昨晚……地委郭书记把郑义桐和大王喊到自己家里，对他告诫不少"喻世明言"。

(60) 三年前，这样的夜晚在电影院散场的人群里和同学们说说笑笑走向学校。

2.3.2.1.1.2　可以和现在时间或短语连用

(61) 我今晚从箱子里偷出来的。

(62) 这时候，他的目光向水文站下面灯火映红的河面望去。

2.3.2.1.1.3　可以和将来时间或短语连用

(63) 明楼今年没栽起茄子，你明天把咱自留地的茄子摘上一筐送过去。

(64) 到那时，我们就可以走出国门，选择自己喜爱的学校就读。

2.3.2.1.1.4　可以和表时点的时间词或短语连用

(65) 一刻钟以后，他从跌水哨的一边爬上来，在上面的浅水里用肥皂洗了一遍身子。

(66) 这时，凤月的脸蛋上流露出一点点姑娘的羞涩。

2.3.2.1.1.5　可以和表时段的时间词或短语连用

(67) 三年时间，一分一秒地熬过去了。
(68) 小吉尔就是个调皮鬼，一天能想出二十四种捣乱的花样。

2.3.2.1.1.6　可以和表时频的时间词或短语连用

(69) 它仿佛对时间有直观的预感，每天都准时跑到荒原的翠岗上……
(70) 他拿出书三次，一次也没有成。

2.3.2.1.2　和时间副词连用的情况
2.3.2.1.2.1　和表时点的时间副词连用

(71) 索米亚也同时悟到了什么……
(72) 刚才，猛听到大猛的死讯，对煤矿有关政策略知一二的秃二叔，窜到凤月的家。

2.3.2.1.2.2　和表时段的时间副词连用

(73) 老父亲立刻凑到煤油灯前，笑嘻嘻地用小指头……打掉了一朵灯花。
(74) 小吉尔羡慕地望着眼前这一切，一下子感到自己是这么的孤单。

(75) 他常走到院里的葡萄架下,看上面坠满果实的枝叶。

(76) 嘉陵江上游方向,黑云滚滚,不时传来隐隐的雷声。

2.3.2.2 动趋式和动态助词结合的情况

2.3.2.2.1 和了1结合的情况

动趋式可以和了1结合,也可以不和了1结合,两种情况都表完成。

(77) 也许是想起了昨晚的情景,凤月红着脸低下了头。

(78) 张银锁遥望苍天,发出了无声的悲泣。

(79) "唉,叫我怎么说嘛!"大王放下暖壶,好像非常为难。

(80) 她弯下腰,脸挨近二猛的身子。

2.3.2.2.1.1 下列情况下不宜和了1连用,以不用了1为常见

a. 前后句中有持续体标志"着"或"正",此时不宜用了1(表伴随状况的"着"不在此列)。

(81) 河里的青蛙纷纷跳上岸,没命地向两岸的庄稼地和公路上蹦跶着。

(82) 天热得像一口大蒸笼,黑沉沉的乌云正从西边的老牛山那边铺过来。

b. 兼语式中动趋式不加"了",连动句式中前项动趋式,如果后项中有了1,前项也不宜加"了"。

(83) 明儿县里逢集,干脆让你妈蒸上一锅白馍,你提上

卖去。

（84）哪知，就在这时候，凤月被选拔到磊队的代售点，当上了营业员。

（85）以后党委书记到平炉车间又看中了她，把她调到厂部当了秘书。

c. "恨不得，以防"等后边做宾语的小句中的动趋式，表虚完成，不宜加"了"。

（86）高加林恨不得把篮子馍扔到一个人所不知的地方。

（87）他……一边眼睛灵活地转动着，以防再碰上城里工作的同学。

d. "动趋＋宾语＋来（去）"中的动趋式后不用加"了"。

（88）她弯下腰去，脸挨近二猛的身子。

（89）他并且从筐子里取出一个来，硬往马占胜手里塞。

e. 三音节动趋式短语表完成，用"了"的机会没有不用"了"的机会多。〔考察《1981—1982年全国获奖中篇小说集》（上海文艺出版社）475—575页中36个三音节动趋式，发现不用"了"的占24个，用"了"的占12个，且有5个"了"用在句尾。〕

以上从语法上说明了不用"了"的情况。

2.3.2.2.1.2　下面从语用上说明不用"了"的情况

a. 表将来完成的句子里，动趋式后不用"了"。

(90) 启程了，动身了，二猛将走向新的生活。

(91) 明年，我们将拿出五百万修建体育馆。

b. 表连续动作的几个小句，最后一个小句用"了"表完成，前面小句中的动趋式不宜用"了"。

(92) 高加林把衫子铺到地上，两只手交叉着垫到脑后，舒展开身子躺了下来。

(93) 她扔给父亲一个牛皮酒壶，然后亲热地把我揽在怀里，噗的一声在我额头上亲了一下。

但是，在排比形式出现的叙述句中，动趋式后要用"了"。

(94) 我费劲地讲着，讲到了那座山石峥嵘的山谷，讲到了天葬的牧人遗骨，讲到了……

(95) 急剧上涨的洪水，……冲垮了上游的桥梁，冲断了公路……

2.3.2.2.2 和过$_1$过$_2$结合的情况

动趋式动词或短语不和过连用，其原因是"过"要求动趋式动词短语中包含的两个动作在结束时间上具有一致性，而事实上这两个动作发生时间并不一致，这种矛盾造成了形式上动趋式动词或短语不能和"过"连用。

动趋式动词或短语之所以能和"过"连用，原因是"过"要求前面动词所包含的时间是一个时间段，动趋式中的动词和趋向动词两动作发生的时间点不同，正好构成了一个时间段，这个时间段是经历上的时间段，有一个参照点与之对应。

2.4 特殊句式表完成

2.4.1 "把"字句表完成

2.4.1.1 在谈"把"字句表完成的时候,我们不妨给"把"字句分类,逐一说明其表完成的情况。前面已经谈到表完成的要素有动态助词、动词或动词短语(动结式、动趋式),以及时间词或短语,那么,不含这些要素的"把"字句是不是表完成呢?我们认为,在非歧视语气的叙述句中,"把"字句是表完成义的,只不过对完成义强调有强有弱,如果"把"字句中含有动态助词、动结式、动趋式动词或短语及时间词,那么表完成的意义得以强化,完成的特征也较明显,反之就不那么明显。看下面例句。

(1)他把这件黄衣服穿在身上,愉快地出了门。

(2)高加林把甜瓜放在一边,下意识地回过头朝地畔上望了一眼。

(3)他下意识地把欢欢搂得紧紧的,小心地看着前面的路。

(4)为什么这么巧?因为我们把天看得太大了,把地看得太小了。

(5)二猛把壮实的身子靠着枇杷树,张着泪眼问……

(6)高加林……拉了被子的一角,把头蒙起来。

例(1)、(2)为一类,(3)、(4)为一类,(5)、(6)分别为一类。

例(1)、(2)中的"把"字句表完成是一种状态的"存在"(完成),例(1)中衣服的确在身上穿着,表明"穿"动作完成后的状态已经存在,其表完成的意义当然也在情理之中,例(2)与之相同。例(3)、(4)中的"把"字句表完成,特征不太明显，例（3）中"搂"动作状态是"紧紧的"，"紧紧的"是形容"搂"动作的，也是"搂"动作存在的状态。这种状态的出现，说明动作已有结果，这种结果就是状态的出现。从这个意义上说，可以认为是表完成意义的。例（5）"靠着枇杷树"也是一种状态，这种状态也可以认为是动作的一种结果，"身子靠着枇杷树"。例（6）"把头蒙起来"表明头已经蒙上，状态存在更为明显。

把这几类"把"字句定为完成句，其前提是承认"存在的状态"也是动作的结果，如果说这种动作结果表达完成义较弱的话，那么"把"字句和表完成的要素（动态助词、时间词、动趋式、动结式）结合的句子表达完成义较强。

2.4.1.2　下面讨论一下"把"字句和动结式、动趋式动词或短语及动态助词连用的情况。

2.4.1.2.1　和动结式动词或短语结合

（7）下连后，我把吸烟的水平主动降低，由"大中华"降为"大前门"。

（8）某些领导对咱看不习惯，把咱当成鸡肋。

（9）……（奶奶）然后把袍子解开，紧紧地把小驹搂进怀里。

（10）我下了马，把它绊好放开，让它去啃刚冒芽的绿草尖。

2.4.1.2.2　和动趋式动词或短语连用

a. 直接用动趋式动词或短语

（11）我用脚把它们踢到床底下。

（12）她扔给父亲一个牛皮酒壶，然后亲热地把我搂在怀里，噗的一声在我额头上亲了一下。

(13) 我暴躁地把皮马绊摔到地下，粗声吆喝她。

b. 动趋式动词或短语后有"了"

(14) 见梁三喜和我都没有甩老K之意，靳开来把扑克又放下了。

(15) 馒头，有人把雪白的一个半馒头扔到了猪食缸……

(16) 靳开来把目标对上了段雨国……

2.4.1.2.3 "把"字句和"动词＋了"连用

(17) 黄亚萍按自己的审美观点，很快把高加林打扮了一番。

(18) 我把弟弟的书包扔了，弟弟哭着让我赔。

2.4.2 "被"字句表完成
2.4.2.1 "被"字句表完成有以下几种类型

(19) 高玉德、高玉智两兄弟被一群年纪大的人包围在他家的脚地当中。

(20) 雨字下半部中间是"口"字，不要下面一横像个天篷盖，里头有四小点，全被罩在下面了。

(21) 傅连山被这个简单的问题纠缠得迷惑起来，他觉得……

(22) 宿舍里发出了尖叫声，无论是男人还是女人，都被这种恐怖的现象吓得胆战心惊。

(23) 这些地方，大都是被这些野孩子和以专给人家买菜为职业的阿姨垄断着，旁人休想插脚。

(24) 有的因素下来，有的潜移默化过来，有的竟被合法地保护起来……

上面例句中，前两例为一类，中间两例为一类。后两例各为一类，和"把"字句一样，这几类句子表完成，是状态的"完成"，以状态的存在作为结果的，这里不再赘述。

2.4.2.2 下面谈一下"被"字句和联结式、动趋式动词或短语、动态助词"了"结合的情况

2.4.2.2.1 和动结式动词短语连用

(25) 今天，买卖全被一个高身材的小伙子抢去了。

(26) 她好像一匹野马，可就是被刘思佳镇住了。

(27) ……就试着想说几句能刺痛他，打动他的话，没想到还真被她刺中了。

(28) 几个女工被烈火吓呆了，连消防栓都打不开……

有时候"被"字后边的宾语并不出现。

(29) 他想减速，可是车的制动软管被烧断，刹车失灵。

(30) 他带着一身火焰摔倒在马路上，立刻在路面上滚几下，身上的火被压灭了。

2.4.2.2.2 和动趋式动词或短语连用

(31) 运输队的人不理解，还以为她犯了什么错误，从上边被赶下来了。

(32) 她又来到何顺家，何顺刚睡着又被喊了起来……

(33) 如果他屈服于这股吸引力，被她吸引过去，他的清高，

他的孤傲就全垮了。

(34) 她向前扑了一下,没有冲上去,又被大火推了回来。

"被"字句和动趋式动词或短语连用,"被"后宾语可出现,也可不出现,和动结式相比,动结式动词或短语后面多以"了"结尾,动趋式并非如此,"了"常用在动词后,趋向动词前,当然也有用在趋向动词后以"了"结尾的。

2.4.2.2.3 和"动词+了"连用

(35) 以前,何顺经常因打回架被派出所拘留。
(36) 刘思佳把汽车停在下风头,汽车立刻被白粉吞没了。
(37) 这个只有小学文化的俏姑娘,爱打扮,说话喜欢带脏字,因此被许多人误解了。
(38) 刘思佳打开车门,站在踏板上,身上立刻被火焰包围了。

例(35)动词后虽然没"了",但表完成的意义却是事实。

为什么"把"字句和"被"字句经常表完成意义呢?据笔者观察,这与"把"字句、"被"字句中原句的宾语提前有关,无论是"把"字句还是"被"字句,都是把原句的宾语提前或当作"把"的宾语,或当作被动句的主语。提前的宾语一般作为动词所反映的动作的结果而出现,宾语的提前,意味着动作结果的强调,从而带动整个句子表完成。

2.4.3 事实上,宾语前置的句型,即使不是"把"字句或"被"字句,仍经常表完成

(39) 官也当了,钱也捞了,你还有什么不满意的?

(40) 门，又重新紧闭了，令人伤感的乐曲从屋里传出来。

(41) 一顿饭吃了近两个小时，你还有脸说。

(42) 日历又翻过了一页，想想明天，我该怎么办？

(43) 十年动乱我们都碰上了，还有比这更糟糕的吗？

(44) 北京我去过，上海我也去过，几个大城市我都去过。

(45) 昨日的辉煌送走了，明日的辉煌正向我们招手。

宾语前置句表完成属于句式表完成，"把"字句、"被"字句又都是宾语前置句的一种变体，它和标准的宾语前置句一样，经常表完成的意义。①

第二节 动词为"给予"和"取得"义双宾句表完整现象分析

"给予"和"取得"义双宾句表完整是通过完成一个完整的物体转移过程体现出来的，这和一般动作动词表完整的情况类似。本文认为，既然双宾句表完整，则必然是有界的，其远宾语前应该能够加数量短语。本书运用完型理论拟构双宾句的完型结构，并通过这个完型结构解释为什么双宾句的远宾语不能是一个表示占有属性的偏正结构。本书在分析中运用了变换理论和空位理论，这些理论有助于语法分析中发现语义条件和语义限制。出于谨慎，本节把双宾句动词的范围限制为表"给予"和"取得"义的动词，正文中的双宾句即指"给予"和"取得"义动词的双宾句。

---

① 例句大部分出自《1981—1982年全国获奖中篇小说集》，上海文艺出版社1983年版。少数出自小说或杂志上，少量例句为征询句，被征询者均为从事语言、文学方面学习和研究活动的研究生。

一 双宾句表完整现象分析

1.1 在运用变换分析法分析双宾句的时候，会发现功能同构的现象。

(1) a1 送他三本书。→b1 送了他三本书。→c1 把三本书送了他。→d1 送了三本书。

(2) a2 给我一条鱼。→b2 给了我一条鱼。→c2 把一条鱼给了我。→d2 给了一条鱼。

(3) a3 拿他十块钱。→b3 拿了他十块钱。→c3 把十块钱拿给了他。→d3 拿了十块钱。

可见，通过 a 式变换出来的 b 式、c 式、d 式都带一个"了"，我们不妨这样认为，a 式和 b 式、c 式及 d 式在功能上是相同的，不同的只是句式和语义（比如，a 式和 d 式），同时我们也可以得出一个结论：双宾句其实是表达完整范畴的句式。

1.2 完整是对事物或事件的整体观察，当然，得到的是有关事物或活动整体的印象。双宾句式的动词都是表"给予"和"取得"义的，我们可以用一个例句说明其活动模式，如"他送我一本书"，其过程是：

他 → 书 → 我

"他"是送出者，"我"是接受者，中介为"一本书"。我们不妨将双宾句式的活动模式这样描述：

送出者 → 物 → 接受者

这个过程可以描述为：送出者将物转移到接受者手中，换句话说，一旦出现了接受者，则表明这个过程已经完成，"送我"说明物到终点，送的过程是一个完整的过程。由此可见：双宾句式所体现的是完整，即物从发出者到接受者这一转移（赠予）过程的完整。

显然，双宾句作为表达完整的过程，其功能相当于"了"，这也解释了1.1中b式、c式、d式都带"了"的原因。

既然双宾句式表达的是完整的过程，当然是有界的，因为界是体现其整体性的最直接证据，双宾句的界是"始界"（发出者）、"终界"（接受者），接受者出现则说明物转移过程的结束，也恰好说明了终界的产生。

1.3 语言学界发现双宾句中的远宾语往往带数量短语做定语，这种现象如果不用界的理论解释则很难说清楚。其实，既然双宾句式表达的是一个整体赠予（接受）过程，是有界的，当然应该带数量短语的定语，因为数量短语表整体时也是有界的，这样，有界的双宾句式要求其远宾语带有界的数量短语做定语也就顺理成章。

（4）我送他三本书。

（5）市政府分配给图书馆十名大学生。

（6）小李拿走他三幅画。

（7）上级奖他三千元。

这和"了"表完成，其后经常带数量短语做定语的宾语是一样的道理。

（8）我吃了一碗饭。

（9）小明写了两首诗。

(10) 他走了一段路。

总结一下是：双宾句式是表完整的，这和"了"表完整相似。由于完整体现的是有界的语义特征，所以它们都要求其后远宾语带有界的数量短语充当定语。

1.4 但双宾句所体现完整并不完全和"了"表完整相同。"了"表完整，其中的动作过程是始终如一的，是匀质的；双宾句表完整，其中的动作过程并非始终如一的，是非匀质的。如"吃了饭"中，动作起点是"吃"，过程是"吃"，终点也是"吃"；而双宾句的起点是"给予"，过程是"转移"，终点是"接受"。因此，不能认为双宾句的动作过程是匀质的。造成双宾句非匀质性特点的原因在于，双宾句的活动模式和"了"表完整的活动模式不同。我们把活动的主体分为活动项和非活动项，活动项又分为自动活动项和非自动活动项。如图所示：

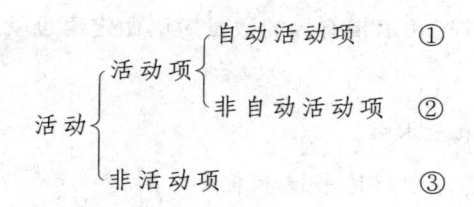

```
         ┌─ 活动项 ┌─ 自动活动项    ①
活动 ────┤        └─ 非自动活动项  ②
         └─ 非活动项              ③
```

这样，根据它们的结合情况，汉语有四种模式：

模式一：①＋①，如：他交了一个朋友。他认识了刘铁。

模式二：①＋②，如：他打了人。他踢了小狗。

模式三：①＋③，如：他吃了饭。他扔了自行车。

模式四：①＋①＋③，如：他给我一本书。小明还他十块钱。

模式一不能转换为被动句，因为它是由两个自动活动项构成,自动活动项很难表达被动。

模式二可以转换为被动句,因为它是由自动活动项和非自动活动项构成,非自动活动项(他动)比较容易表达被动。

模式三大多可转换为受事主语句,不能转换为受事主语句的也可转换为被动句。因为它是由自动活动项和非活动项构成,非活动项易转换为受事主语句中的主语,即使不能转换为受事主语句的主语,一般也能转换为被动句的主语。

模式四是双宾句,由两个自动活动项和一个非活动项构成,除了非活动项,表接受者的自动活动项不能成为被动句的主语。

我们把模式一和模式四叫作交互式活动模式,因为其活动主体有两个自动活动项。把模式二和模式三叫作主导式活动模式,因为其活动主体只有一个自动活动项。所以,"了"表完整大多是一种主导式活动模式,是施动者施加动作或行为于受动者。

双宾句本质上是一种交互式活动模式,交互式活动模式反映的是两个自动活动项之间的关系,双宾句两个自动活动项之间的关系是围绕着"物"而发生的一种转移关系。主导式活动模式注重对事实的断定,自动活动项只有一个,它主导了这种判断模式。交互式活动模式反映的是两个自动活动项之间的关系,两个自动活动项之间的关系是平等的,相互的。

二 双宾句的远宾语不能是表示占有属性的偏正结构

2.1 语言学界还发现双宾句的远宾语不能是一个表示占有属性的偏正结构。

(11) 送他我的书。*

(12) 拿给我你的帽子。*

(13) 赔他我家的房子。*

不成立，但是，

(14) 送他三本书。
(15) 拿给我一顶帽子。
(16) 赔他一间房子。

却是成立的，其实这种现象在"了"表完整的句子中也是如此。

(17) 吃了我的饭。*
(18) 看了你的书。*
(19) 写了你的文章。*

不成立，但是，

(20) 吃了三碗饭。
(21) 看了一本书。
(22) 写了一篇文章。

也是成立的。由此可见，双宾句所遇到的情况其实和"了"表完成所遇的情况相同，应该是同类现象。

2.2 其实，从前面的分析也可以看出，"送他三本书"的语法功能等同于"送了三本书"，都表达完整，这两种现象其实就是一种现象。

(23) 送他三本书——送了三本书。
(24) 给我一条鱼——给了一条鱼。

(25) 还他十块钱——还了十块钱。

同样，

(26) 送他我的书*——送了我的书。*
(27) 给我我的鱼*——给了我的鱼。*
(28) 还他你的钱*——还了你的钱。*

通过上述例句可以看出：双宾句的远宾语和"了"表完整，"了"后的宾语表现相同，即数量短语做远宾语的定语时，句子成立；领属性词语做远宾语的定语时，句子不成立。

2.3 我们可以认为，双宾句和"了"表完整在功能上是同构的，它们对宾语（双宾句指远宾语）的要求是相同的，并且具有相同的推导式，都表完整，因而后面都要求带数量短语做定语的宾语，这种要求也和界有关。

但并不是说双宾句的远宾语就一定带有界的数量短语做定语，像下面所示的句子也是成立的。

(29) 给我书！
(30) 还他钱！
(31) 给你帽子！
(32) 赔他钢笔！

但这种情况是有条件的，即往往是在祈使句中，并且祈使的语气比较强。如果祈使语气不强，则同类结构句子的合法性就会变弱。

(33) 赠你笔记本！

(34) 拿你书！

祈使句要求句子简短，在这种较强的语气下，做定语的数量短语被省略掉了，如果加上，句子仍然成立。

(35) 给我一本书！

(36) 还他十块钱！

(37) 给你一顶帽子！

(38) 赔他一支钢笔！

显然，加上数量短语后，句子的祈使语气明显减弱了。

2.4 我们可以这样认为，双宾句式是有完型格式的，这个完型格式为：(主语) ＋ 双宾动词 ＋ (近宾语) ＋ (数量短语) ＋ 远宾语。括号内表示可隐去的项，其中，数量短语的隐去是有条件的，即在祈使句中，数量短语可以隐去。2.3中的例句隐去了数量短语，更确切的一种说法是一种隐含，隐含并不代表不存在，其实它是在这个位置形成了一个空位，这个空位是一个数量短语的空位，隐去数量短语虽然不会使句子失去合法性（语气做了弥补），但却对其后面的中心语造成限制，即中心语不能与数量短语形成组合上的矛盾，否则整个句子就不成立。我们把这种空位限制称为隐含限制。再看例句：

(39) 送张阿姨妈妈的手表。*

(40) 卖给我你的帽子。*

(41) 赔给他我家的房子。*

第一章 现代汉语完整/过程范畴研究

三句中远宾语："妈妈的手表""你的帽子""我家的房子"，前面加上数量短语同样是不成立的。

(42) 一块妈妈的手表。*

(43) 一顶我的帽子。*

(44) 三间我家的房子。*

数量短语和远宾语组合起来是不合法的，也就是说它们不能组合，做定语的数量短语和领属性的中心语组合起来是错误的，这样也就解释了为什么远宾语不能为占有性领属关系的短语，即由于"卖给我你的帽子"中，"你的帽子"前隐含一个数量短语的空位，这是由双宾语表完整的界决定的，前面已经讨论过。这个数量短语空位对后面的中心语形成限制，不允许中心语是和数量短语无法组合（组合不合法）的短语，而占有性领属关系的短语恰好不能和数量短语组合，由于存在这样的矛盾，整个句子就不合法。

2.5 事实上，如果将"送张阿姨妈妈的手表"变换为"把"字句，这类句子就合法了。

(45) 送张阿姨妈妈的手表。* —— 把妈妈的手表送给张阿姨！

(46) 卖给我你的帽子。* —— 把你的帽子卖给我！

(47) 赔给他我家的房子。* —— 把我家的房子赔给他！

这主要是因为，远宾语移位到前面后不再受数量短语空位的制约，也不会和数量短语空位在位置上形成结构上的组合关系，不会造成组合上的矛盾对立，这样整个句子就合法了。但应该看到，移位后所形成的句类仍然是祈使句，这和 2.3 讨论的情况几乎相同。我们不妨认为，数量短语在双宾句式中是可以隐去的，隐去的条件是句子的语气加强，直至成为祈使句。

第三节 "NP＋了"表"过程"现象分析

"这本书我看了三天"和"这本书我看了三天了"是吕叔湘先生提出的一对老命题，两个句子表达的意思完全不同。本节从观察的角度重新分析这对命题，提出了"NP＋了"表顺序的观点，同时从认知理论出发，辨析了"VP＋了""NP＋了""V着"之间的区别。本节意在阐述"完整"与"非完整"是基于观察的方式不同而造成的结果，这个结果对句法意义和句法结构都有影响。

一 吕叔湘的论题

1.1 吕叔湘先生曾经讨论过"这本书我看了三天了"和"这本书我看了三天"这两个句子的区别。他认为"这本书我看了三天"表完成，"这本书我看了三天了"表未完成。

1.2 造成"这本书我看了三天了"这个句子表未完成的原因在于：和"这本书我看了三天"相比，"这本书我看了三天了"句末多了一个"了"。"了"，现代汉语把它定义为动态助词，表完成。在"这本书我看了三天了"这个句子里，显然第一个"了"并不是造成这个句子表未完成的原因，因为"这本书我看了三天"是表完成的。第二个"了"是造成这个句子表未完成的原因。

二 完整与过程

2.1 我们观察事物的时候，有一对非常重要的范畴，那就是完整和过程。对静态事物和动态事物而言，其表象有区别，但从整体而言，都是表达的这一范畴。

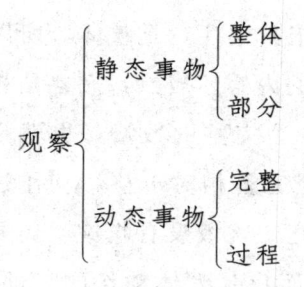

```
           ┌ 静态事物 ┬ 整体
           │         └ 部分
观察 ──────┤
           │ 动态事物 ┬ 完整
           └         └ 过程
```

什么是完成？完成是动作的一种状态，如果从观察角度来看，完成是对事件的整体观察，也就是说，完成从认知的角度看，其实就是着眼于对整个事件的观察，整体性是完成的最大特点。

（1）他吃了饭。
（2）他吃了三碗饭。

显然，（1）"他吃了饭"展示的整体性是动作从始到终的完整。（2）"他吃了三碗饭"则更多地展示数量的完整，二者的区别在于，一个强调动作的完整，一个凸显数量的完整，单看动作的话，（2）并不完整。

2.2 前景与背景。为什么两个句子所展示的完整会不同呢？我们观察事物的时候，必然有关注的焦点，这个焦点才是我们最关心的，这个焦点就是前景。和前景相对应的是背景，它是衬托前景的。对于一个事件而言，我们对前景的关注度要远远高于背景。对于上边两个句子而言，它们展示了不同的前景，（1）展示的是动作作为前景，它关注的焦点是动作的完整，即吃饭的动作有一个从始到终的过程。而（2）则更关注于动作产生的结果，这个结果是由动作衍生的一个量化结果。

2.3 完成是静态还是动态？完成着眼于对事物的整体观察，它关注的不是动作的持续，而是动作的整体过程，所以从这个意义上说，完成是一种静态的状态，由于其关注点是整体，所以表达完成就意味着观察到的是一个完整的内容。当然，完整是相对的，对于（2）来说，完整意味着有一个完整的数量，也就是将"三碗饭"作为一个完整的概念，这个完整相对于整个动作过程而言，可能也只能是相对的，因为当吃三碗饭没有吃饱，还要再吃时，动作就不是一个完全的整体，而只是整体动作的一部分。但由于观察者是将"三碗饭"作为前景的，所以动作的这种不完整并不妨碍表达完成的效果，即表达一个静态的整体。

2.4 两种观察方式。为了加深完成表达静态整体的印象，我们不妨讨论一下观察事物的方式。其实，我们对于事件的观察，无外乎两种观察方式，即静态的观察方式和动态的观察方式。静态的观察方式是一种远景观察，采取的方法是驻地观察，站在一个高地，观察事物的整体；动态观察是采取跟踪观察的方式，跟随事件的主体移动观察。静态观察以事件的整体全貌为观测点，所以会得到事件整体的印象；动态观察以事件的局部某一点为观测起点，跟踪事件的主体进行观察，所以会得到事件主体的动态信息。根据以上两种观察方式可知，完成是一种静态的观察，持续是一种动态的观察，二者的区别明显。

2.5 完成的结果。完成所描述的既然是一个完整的事件或相对完整的事件，那么对事件而言，必然有个结局，对完成而言也必然会有个结果，而这个结果更能体现出其静态的性质。

	动作	结果
（3）他吃了饭。	吃	吃了
（4）他吃了三碗饭。	吃	吃了+三碗
（5）他气哭了李明。	气	（李明）哭了
（6）他走出了大门。	走	（他）出了（大门）
（7）他愁白了头。	愁	（他）白了（头）
（8）他红了脸。		（他）红了（脸）

从完成的结果看，其描述性更强，而非动作性更强，这也从侧面印证了完成表静态的观点。

2.6 完成体现的哲学范畴。质和量的辩证：（2）反映的事件的观测点有两个，其一是动作，其二是动作衍生出的数量。数量来源于动作，同时也是描写动作的，因此，如果把事件的主体（动作）看作事物的质的话，数量就是事物的量，是对动作的量化，它们体现的是一种质和量的辩证统一。（1）的量没有凸显出来，我们姑且称为量是空位，但并不表明其没有量的因素在里面，它的量其实也就是完整动作所需的量，比如说，他吃了两碗就吃饱了，不吃了，那么它的量就是两碗，他吃了三碗就吃饱了，不吃了，那么它的量就是三碗，只不过这个数量是隐含的，由于事件强调的并非数量，所以没有必要显现出来。因果辩证：原因和结果是一对哲学范畴，探求因果联系也是我们探究万事万物发展变化采用的科学方法。唯物主义哲学认为，万事万物的发展变化都是有原因的，我们看到现象时应该探究这种现象产生的原因。语言是社会生活的反映，所以同样会遵守认识的一般规律。从2.5分解的动作和结果来看，我们完全可以将动作看作产生后面结果的原因，因为如果没有动作，也不会产生后面的结果，这种因果联系显而易见。它也反映了作为事件必须具备的要素，即起因、经过、结局要素。据此，对B1而言就是：吃（起因）、吃着（经过）、吃了（结局）。

三 "NP＋了"表顺序

3.1 事实上，表完成的"这本书我看了三天"这句话中，表事件结果的"三天"可以提前，而"这本书我看了三天了"中的"三天了"不能提前。这种情况具有普遍性。

(9) 他打人了。——人他打了。

(10) 他愁白了头。——头他都愁白了。

(11) 他走出了教室。——教室他走出去了。

在英语中，完成句的宾语也是可以提前的。
They have finished the work.
The work have been finished by them.

汉语没有词的形态的变化，汉语完成句宾语提前可能会使句子发生些许的变化［(10) 多了个"都"］。相反，表未完成的宾语不能做这样的变换。

(12) 他吃了三碗了。——三碗了他吃了。*

(13) 他走了三个小时了。——三个小时了他走了。*

3.2 为什么表未完成的"这本书我看了三天了"不能将"三天了"提前呢？其实，我们看这个句子的时候，发现表未完成的功能是通过"三天了"来展示的，"这本书我看了三天了"就其表未完成的功能而言相当于"三天了"。而"这本书我看了三天"其表完成的功能就相当于"这本书我看了"，由于"三天了"展示的是一个动态的图景，所以"三天了"宜成为前景，成了句子的焦点，"三天"是静态性的描述，不宜成为前景。

(14) 看了三天了＝三天了（凸显前景）

(15) 看了三天＝看了（凸显前景）

3.3 为什么"三天了"表未完成呢？这和"数量短语＋了"的格式有关，造成"数量短语＋了"表完成的原因既和数量短语的语义特征有关，也和"了"的语法作用有关。

3.4 先说说数量短语。数量短语是一种带有"顺序"义语义特征的语言单位，同时它又可以作为整体而存在，具有"整体"义的语义特征。再看看我们讨论的两个句子：

(16) 这本书我看了三天了＝三天了（"三天"表顺序义，即第三天）

(17) 这本书我看了三天＝看了（"三天"表整体义，即总共三天）

这样就解释了为什么"这本书我看了三天了"表未完成，原因是"三天"表顺序义，是第三天的意思。"这本书我看了三天"表完成，原因是"三天"表整体义，这和完成表示完整的含义相一致。

3.5 其实，不只是数量短语，凡具有"顺序"义语义特征的名词或名词性短语，在"NP＋了"这样的格式里，也都会表达未完成的含义。

(18) 大学生了，该懂道理了。（小学生、中学生、大学生、研究生……）

(19) 冬天了，你还穿这么薄。（夏天、秋天、冬天、春天）

(20) 大孩子了，也该懂点礼貌了。（小孩子、中等孩子、大孩子……）

(21) 二十几岁的人了，做事要有头绪！（几岁、十几岁、二十几岁、三十几岁……）

(18) 中如果大学生懂道理是顺理成章的话，达到这个要求算是完成任务，显然，(18) 表达的是未完成任务；同样，(19) 中冬天应该穿得厚一点，而 (19) 显然没有达到要求。(20)、(21) 都是如此。

3.6 哪些 NP 具有"顺序"的语义特征呢？首先就是数量短语，数量本身就具有顺序的含义。其次是表示递升关系的一组词或短语，比如，学前儿童、小学生、中学生、大学生、研究生；助教、讲师、副教授、教授。最后就是表循环关系的词或短语，如春天、夏天、秋天、冬天。应该指出的是表递升关系的一组，处于开头的词或短语不宜进入"NP＋了"。

(22) 学龄前儿童了，该懂道理了。*

而表循环关系的词或短语没有这个限制。

(23) 春天了，该换棉衣了。

显然，循环关系的词或短语并没有指定哪个词或短语处于开头位置，所以并不违背开头词语不能进入"NP＋了"格式的要求。

为什么序列中处于开头的 NP 不能进入"NP＋了"格式呢？其实"NP＋了"表顺序相当于"V 着"，表无界未完成，在"学前儿童→小学生→中学生→大学生→研究生"这个序列中，位于开端的"学前儿童"显然是有界的，因此无法用于"NP＋了"表顺序的格式中。但"研究生了，该懂得礼貌了"却可以说，是因为在我们思考问题时，我们的经验往往影响我们的思维，从而形成思维定式。对于一个序列而言，我们似乎很难界定序列的终端，因为事物的发展性使得终端的结果不断被打破，从而产生新的终端，这样就等于说我们实际上无法确定处于不断发展中的序列的终端,由于这种心理的存在,使得我们甚至无法界定终端的界。这也是人们基于经验产生的心理定式,这种心理定式会影响语言的使用,从而在语言的使用上,序列中开端和终端词语表现出不同的语法功能。尽管有些终端可以界定,但由于语言毕竟受思维和经验的影响,在使用上不会考虑具体或特殊的情况而采用趋同化的原则,这样就不难理解处于终端的词语可以进入这个格式的原因了。

3.7 再说"了"的作用。"了"是动态助词,其主要功能是使前述词语发生变化。主要是由动态转化为静态或由静态转化为动态。

动态转化为静态:

动态	静态
看	看了
吃	吃了

静态转化为动态:

动态	静态
三天	三天了
病	病了
姓	自从他姓了王,我们就绝交了
红	红了
大学生	大学生了

可见,"了"的语法功能在于使前述词语发生状态的变化,由静变动,由动变静。静态和动态本来就是一个连续统,名词和动作动词分别处于两端:

```
                    → 动态性增强 →
名词————————————————————— 动作动词
                    ← 静态性增加 ←
```

3.8 再看看"这本书我看了三天了"和"这本书我看了三天"这两个句子,发现这两个句子表达完成的含义虽然不同,但都遵循一个原则,即在前景和背景的选择中,往往将表示不完整的局部视为前景,在动态和静态的选择中,将动态视为前景,加以凸显。

(24) 这本书我看了三天了。

| 看了(整体—背景) | 三天了(局部—前景) |

(25) 这本书我看了三天。

| 看了〔静态(相对动态)—前景〕 | 三天(静态—背景) |

整体和局部、静态和动态是认知心理学的一对重要范畴,在认知心理学中,局部的显著度高于整体,因而,局部宜成为前景焦点,整体宜成为背景。同样,动态的显著度高于静态,动态宜成为前景,静态宜成为背景。(25)"看了"虽然从整体上看是静态的,但其动态性显然高于"三天",所以"看了"是前景,"三天"是背景。"看了"显著度也高于"三天"的显著度。

3.9 其实,"整体—局部"和"静态—动态"之间是有联系的。

(26) 看了三天了。

| 看了(整体—静态) | 三天了〔局部(表顺序)—动态〕 |

(27) 看了三天。

| 看了［整体（相对局部）—静态（相对动态）］ | 三天（整体—静态） |

"静态—动态""整体—局部"的关系中，显著度从小到大依次是：

动态性：弱			→强
名词或名词性短语、数量短语	动态动词＋了	静态动词＋了	名词、数量短语＋了
整体	整体（完整）	半完整（变化）	局部（顺序）
整体			→局部

这其实也是它们动态性大小的排列顺序。其中，"静态动词＋了"值得讨论，静态动词及形容词加"了"表示的是一种变化，是两个整体之间的转换，如：

(28) 自从他姓了王，我们就绝交了。
(29) 她的脸红了。

(28) 表示的两个整体，一个是"姓王"之前，另一个是"姓王"之后，从"姓王"之前到"姓王"之后完成了一个界变，这种变化是两个整体之间的转换；(29) 也分为脸红之前和脸红之后，完成一个界变，也是两个整体之间的转换。我们不妨把这种变化称作"半整体"以区别于表局部的顺序、表整体的完成。这样，显著度的排列为：

整体（完成）＜半整体（变化）＜局部（顺序）

3.10 "NP＋了"表顺序的语用功能。任何语法现象都有相应的语用功能,"NP+了"表顺序义的语用功能,主要体现在两个方面:其一,表达的事实和期望相反;其二,表示提醒。

(30) 三年了,他还没回来。(应该回来但事实上没回来)

(31) 大学生了,要注意形象!(提醒)

3.11 其实,"NP+了"表顺序和"着"表达功能很相似,特征几乎相同,下面对本节中提到的几种情况做一下比较:

性质 类别	界	静态/动态	整体/局部	显著度
V着(进行)	无界	动态	局部	最强
NP+了(表顺序)	无界	动态	局部	强
静态动词(或形容词)+了(变化)	有界 (单界、界变)	动态	整体→整体 (局部/半整体)	较强
动态动词+ 了(完成)	有界(双界)	静态	整体	弱
NP	有界(双界)	静态	整体	最弱

从表中可以看出:表顺序的"NP+了"和"着"具有相同的表现特征,同时在句子里也可以看出二者的表现基本相同。

(32) 三碗饭了,还没吃饱。(顺序)

(33) 正吃着第三碗呢。(顺序)

(34) 正吃着三碗呢。*

(34) 错误在于,"吃着"是无界的,不能和表有界的"三碗"结合,二者是相互排斥的。其实我们可以用一个推导式表示(32)和(33)的关系:

三碗了→到第三碗了→正吃着第三碗呢

再看看"了"和"着"的语法功能,"了"使前述词发生变化,动态变静态,静态变动态;"着"使前述词状态不变,有的是使动作加强,有的是使表达更具体形象。

躺,静态	躺着,静态(具体形象)
吃,动态	吃着,动态(动作加强)

"NP+了"表顺序和"着"表达的语用功能也相同。

(35) 正吃着呢!(提醒)

(36) 正吃着呢,打扰他干吗!(表达的事实和愿望相反)

(37) 三年了!(提醒)

(38) 三年了,该回家了。(表达的事实和愿望相反)

四 结论

4.1 从本质上讲,"NP+了"凸显的是当前进行中的状态,"V着"则是一个笼统的进行状态,和"V着"相比,"NP+了"更加具体。

"吃了三碗饭了"指的是吃完了第三碗,它凸显的是阶段性的完整,因为吃了第三碗是一个完整,其后还会有第四碗、第五碗,整体而言,动作并没有完成。由于阶段性完整,所以具有静态特点。正吃着第三碗和它不同,它仅表示正在吃第三碗,是非阶段性完整,其动态性较强。考察这两种句式发现:"V着"是匀质的,并且是一个平级式的推进;"NP+了"则是非匀质的,是一种跳跃式的升序推进。

其实,"NP+了"和"V着"都表达的是一个过程(进程),

"VP+了"才表示的是一个整体。"NP+了"和"V 着"虽然都表示过程，但二者还是有所不同的："NP+了"表过程，展示的是类似于幻灯片式的过程，即一幅图片结束后又一幅图片开始，中间有停顿，这个停顿就是阶段性的完整，每一幅图片也就是一个阶段性完整，这些静态连续性的图片构成了一个动态的过程。所以从整体上看，"NP+了"是动态的，但动中有静。"V 着"则是采用现场直播的方式展示其过程，它不是连续的静态图片，而是连续的动作流（或类似于动作流）形成的一个动态性极强的过程。由于"V 着"是一种匀质平级的动作流，所以显得较为笼统而模糊，而"NP+了"是由连续图片构成的升序过程，所以当一幅图片出现时，这幅图片显然就是凸显的焦点，所以看起来显得较为具体。这也解释了在"这本书我看了三天了"中的"三天了"成为焦点的原因。这样，我们可以比较"VP+了""NP+了""V 着"这三种句式：

	种类 特点	VP+了	NP+了	V 着
	性质	表整体	表过程	表过程
	静态/动态	静态	动态（静态）	动态
	展示方式	全景式	幻灯式（多幅升序式）	直播式（动态流）
	匀质/非匀质		非匀质（升序）	匀质
观察	观察方式	驻地观察	驻地观察	跟踪观察
	位置关系	物我分离	物我分离	物我一体

整体和过程是一对范畴，整体是静，过程是动。"NP+了"虽然表示动态过程，但动中有静，所以从动态性上看，"VP+了""NP+了""V 着"是一个由静态过渡到动态的过程，它反映了事物发展连续性特点。

第二章 短语、句子研究

第一节 "动词语+的"指称性强弱的认知解释

一 朱德熙关于"动词语+的"结构的指称（包括歧义指数）

朱德熙先生（1978）指出，"动词语+的"结构的指称与动词 V 的配价有关，当动词为一价动词时，由于其配价成分（论元）只有一个，所以"V 的"只能指称 V 的施事；如果 V 为二价动词，"V 的"既可以指称 V 的施事，也可以指称 V 的受事，这时"V 的"的指称就会因为有两种可能而产生歧义。"V 的"的指称是根据动词 V 的配价成分的缺省来判定的，当动词 V 的施事缺省时，"动词语+的"就指称 V 的施事；当动词 V 的受事缺省时，就指称 V 的受事。三价动词的情况以此类推。朱德熙先生给出了"动词语+的"结构的歧义指数公式：

$$P = n - m$$

其中，P 代表"动词语+的"结构的歧义指数，"n"代表动词 V 的配价数，"m"代表动词语里出现的配价成分的数目。

二 "动词语+的"指称性强弱的实证

事实上，我们观察"动词语+的"的指称情况时，很明显地发现，"动词语+的"的指称是有强弱之分的。举个例子，"吃的"就一般的情况而言，很明显指称"吃"的受事（本人征询过上百人，都认为就"吃的"本身而言，表示"吃的东西"，没有人认为表示"吃东西的人"），只有在特别指出的语境下，"吃的"才指称施事。下面针对"动词语＋的"的指称情况做一分析。

1. 一价动词"动词语＋的"的指称确定，指称施事，但有时候也不一定指称施事。

2. 二价动词"动词语＋的"有指称强弱的问题。

（1）"V的"指称受事和指称施事的比较

① 吃的：吃的端上来了。——想吃的都走了。
② 看的：看的多着呢。——看的都回家了。
③ 想的：想的不一定对。——想的就别走了。

比较发现，指称受事的"V的"比指称受事的"V的"在组成句子时，显得更为通顺，句子表达也更符合语言习惯。"V的"指称施事时，必须有相应的辅助词才会表达通顺，如①中的"想"，②中的"都"，③中的"就"。

（2）"NV的"和"VN的"指称性强弱的比较。

① 我吃的都说过了。——吃饭的都来了。
　　　　　　　　　　——吃饭的都带齐了。
② 小李看的无非都是些小说。——看戏的挤满了剧院。
③ 小王想的都是工作的事。——想事的只有小王。

乍一看起来，似乎这两种指称在组成句子后，都比较通顺，也符合语言习惯，但①中 VN 既可指称施事，也可指称工具的情况，至少说明了 VN 指称施事时有可能造成歧义。

3. 三价动词"V 的"指称性强弱的比较。

给的：给的无非就是一些书之类的。
　　　给的都到这边来，没给的到那边去。

4. 不同动词构成的"动词语＋的"的指称性强弱的比较。

看：看的都带来了。——愿意看的都到齐了。
参观：参观的都是些文物。——参观的都是些学生。

三　认知语言学相关理论

（一）完整事件理论

语言和认知是密不可分的，Talmy 认为，在认知语言学中，一个认知过程往往包含了一个活动的完整过程，在这个过程中，动作或行为是贯穿始终的线索，说话者会着意推出事件的焦点，围绕这些焦点的是和它相关的背景知识，这些构成了完整事件的结构。完整事件和人类的思维习惯、认知常识、百科知识等有密切的关系，完整事件中体现出来的句法、语义、语用特点都和人类的认知习惯和基本常识有关。

在"动词语＋的"结构中，"动词语＋的"也构成了一个完整事件的认知框架，在这个认知框架中，动词语应该是完整事件的核心。如果就"动词语＋的"结构而言，这是一个简单认知框架，所涉及的认知成分包括了施事和受事及动作和行为。由于动词语承担了动作行为的认知角色，而另外两个角色是缺省的，所以"动词语＋的"结构指称施事和受事也就不足为奇了，因此，在认知的框架下，缺省的内容就是"动词语＋的"结构所指称的内容。但问题是,"动词语+的"结构可能指称的成分包含了施事和受事,为什么在不受特定语境限制的情况下,我们会感觉到"动词语+的"结构指称的是受事呢?

(二)"焦点—背景"理论

Talmy(2000)认为,在"焦点—背景"结构中,作为某一情境中焦点的物体吸引了最主要的注意力,其特点和命运是人们关心的焦点,背景处于注意力的边缘地区,它作为一个参照物,用于突出人们关心的焦点的特点。"动词语+的"结构作为一个完整事件也体现了"焦点—背景"的关系,在这一完整事件中,"动词语+的"结构所要突出的焦点有两个,一个是施事,一个是受事。当然,两个焦点的地位并不是平等的,有一个是优先焦点,是第一关注点,另外一个焦点次之。就"动词语+的"结构而言,其优先焦点显然应该是受事,当我们谈到一个事件的时候,首先关心的是做了什么,或者发生了什么,而不是谁做的。也就是说,在简单的完整事件模式中,与动词有关的有两个分支事件:(1)谁做?(2)做什么?当二者同时摆在我们面前时,我们更关心的是"做了什么?"这是第一关注点,其次才是"谁做?",它是第二关注点,当施事和受事都隐去,而现实的句法又要凸显其中一个时,在两个备选项中,第一关注点自然就成为首要选项了,当这个完整事件中的某人和某事同时隐去时,我们更倾向于做了某事,然后再考虑做这件事的人。例如,当某地发生了火灾,我们往往问:发生了什么?很少有人问:是谁放了火?或者说你会描述火势怎么怎么大,而不会放着火不救,而先去抓放火的人,这是一般的认知常识,先救火,火扑灭后再找放火的人。所以当"动词语+的"结构独立出现时,我们更倾向于认为它指称受事。

(三)语境参与

事实上,完整事件理论也就是事件或活动概念化的结果,在

Talmy 看来，认知语言学中相关的概念包括了框架、脚本、情景（Scenarios）、理想认知模型（Idealized Cognitive Model）等，由此他提出了研究语言意义的三种方法：形式法（Formal Aproach）、心理法（Psychological Approch）和概念法（Conceptual Approach）。概念法关心的是语言中概念内容赖以组织的规律和过程，概念法研究的范畴包括空间和时间、场景和事件、物体和过程等。Talmy（2000）指出，认知语言学是从概念的角度考察语言的形式特征，因此，他试图从语法结构在表达概念结构中所具有的功能的角度来解释语法，试图将其发现与心理法中的概念结构联系起来。Langaker 也认为，句法被看作语音赖以传达意义的规约模型。因此，句法不需要自身特殊的原始形态和理论框架。语法知识通过设立说话者凭借接触实际出现的话语而获得的规约化或已确立的符号模型得到描述。

在一个认知过程中，事件所关涉的认知角色处在一种制约的关系中，如果我们把一个简单的完整事件看作施事、受事和动作行为的话，那么，其他的认知角色应该看作这个完整事件的背景知识，比如时间、处所、对象、工具等。在这一认知过程中，人们基于认知的经验会形成某种固定的认知模式，这种认知模式在语句中则表现为语句中词语之间的制约关系。所以，当认知的焦点凸显在这些背景角色上时，这些背景角色也会成为认知的焦点，被"动词语＋的"结构指称。

（1）来的那天上午，天气晴朗。（指称时间）

（2）来的人都被控制了。（指称施事）

（3）去的地方是北京。（指称处所）

（4）拿的笔写字用了。（指称工具）

可见,"动词语+的"结构指称的对象会基于语境的需要有所不同,也就是说,这一事件认知的焦点会随着交际的需要发生转移,也只有在语境中才能体现话语所要凸显的认知角色。因此:"动词语+的"结构指称的对象可以从两个方面来说明:1.缺省。当"动词语+的"结构作为简单完整事件时,其缺省的成分就是其指称的成分,当两个认知角色同时缺省时,在没有特定语境的参与下,"动词语+的"结构倾向于指称受事。2.共现。当"动词语+的"结构作为复杂完整事件时,背景角色的指称依赖于语境的共现,即"动词语+的"结构指称的内容与"动词语+的"结构共现。如"来的那天上午"中"来的"和"那天上午"共现并且同指,"去的地方"中"去的"和"地方"共现且同指。

(四)外围与内核

为什么有的指称需要缺省,有的指称需要共现呢?这和认知语言学的原型范畴理论有关。认知语言学讲原型范畴,作为事件的原型应该是简单完整事件,其背景角色恰好就是它的外围成分。对于一个句子而言,从语义的角度看,施事、受事、与事是构成句子完型的必不可少的成分,而时间、处所、工具则是完型以外的成分。完型成分是强制性的,不可缺少的,否则句子就不完整。而完型以外的成分则不是句子不可缺少的,它只是为了使句子表达得更具体,是句子的外围成分。完型成分构成了句子的内核部分,外围成分则构成了句子的外围部分。内核某一成分的缺省使得缺省的成分凸显起来,成为语义表达的焦点,而指称往往是指称焦点的,所以内核成分的缺省使得缺省的成分成为指称的焦点,这也解释了"动词语+的"总是指称缺省的成分原因。外围成分本不是完型句子所必需的,所以即使缺省也不会成为焦点。如果要使之成为焦点,唯一的办法就是在句中点明,也就是共现。共现也是一种强调,通过共现凸显其焦点作用,所以共现的成分往往是句子的外围成分，因为外围成分本来就很多，如果不共现，你很难知道要表达和凸显的是哪一个外围成分。

四 结 论

根据以上分析，我们可以得出结论："动词语＋的"指称性的强弱可以分为两个层次。首先，在内核部分，内核成分某一项的缺省导致"动词语＋的"指向缺省的成分，如果都缺省，则往往指向受事，然后是施事和与事。其次，如果想让"动词语＋的"指称外围成分，则需在句子中共现要指称的外围成分。另外，应该指出的是，当句子中共现了外围成分，句子就不会再指称内核成分了，也就是说，共现对于焦点的形成影响更大，要大于缺省对焦点形成的影响。换句话说，对于"动词语＋的"的指称而言，共现比缺省更容易被指称。

第二节 "没有完全"和"完全没有"及其相类句式辨析

近日，农业部回答河南周口市的平坟运动时说，平坟从本质上是一件好事，但是地方政府在这个问题上，没有完全尊重农民的意见，致使这场运动出现不和谐现象。这位官员用了"没有完全尊重农民的意见"，这个表述和"完全没有尊重农民的意见"语义上不同，尽管所用的词语相同。之所以会有不同，主要是语序的变化引起的，同时也和表范围的"整体"及"部分"这对范畴之间的关系有关。

"没有完全尊重农民的意见"表达的意思为"部分地尊重了农民的意见"；"完全没有尊重农民的意见"，其意思为"全部没有尊重农民的意见"。

和它们相似的还有：

a1 没有整体认识到事情的严重性。

a2 没有全部参加这次会议。

a3 没有完全达到真实水平。

相对应的句式有：

b1 整体没有认识到事情的严重性。

b2 全部没有参加这次会议。

b3 完全没有达到真实水平。

a 类在语义不变的情况下可以变换为：

c1 部分地认识到了事情的严重性。

c2 部分人参加了这次会议。

c3 部分达到了真实水平。

b 类在语义不变的情况下可以变换为：

d1 没有一个人认识到事情的严重性。

d2 没有一个人参加这次会议。

d3 没有一丁点达到真实水平。

a 类表部分，其核心意义表达的是肯定。
b 类表整体，其核心意义表达的是否定。
c 类从语义上等值于 a 类，是 a 类的另一种表达。
d 类从语义上等值于 b 类，是 b 类的另一种表达。
即 a 组＝c 组；b 组＝d 组。

如果将 a 类和 b 类分别否定，会发现 a 类否定后变成了 b 类。

a11 并非没有整体认识到事情的严重性。＝b1 整体没有认识到事情的严重性。

a21 并非没有全部参加这次会议。＝b2 全部没有参加这次会议。

a31 并非没有完全达到真实水平。＝b3 完全没有达到真实水平。

b 类否定后变成了 a 类。

b11 并非整体没有认识到事情的严重性。＝a1 没有整体认识到事情的严重性。（部分地认识到事情的严重性）

b21 并非全部没有参加这次会议。＝a2 没有全部参加这次会议。（部分参加了这次会议）

b31 并非完全没有达到真实水平。＝a3 没有完全达到真实水平。（部分达到了真实水平）

如果将 c 类否定，否定后等值于 e 类：

c1 不是部分地认识到事情的严重性。＝e1 整体认识到事情的严重性。

c2 不是部分人参加了这次会议。＝e2 全部参加了这次会议。

c3 不是部分达到了真实水平。＝e3 全部达到了真实水平。

上述现象可以用下面的关系式表达。

否定＋整体（a1、a2、a3）＝肯定＋部分（c1、c2、c3）

整体＋否定（b1、b2、b3）＝否定＋部分（d1、d2、d3）

否定＋部分（c1、c2、c3）＝整体＋肯定（e1、e2、e3）

否定＋（否定＋整体，a 组）＝整体＋否定（b 组），即（a11、a21、a31）＝（b1、b2、b3）

否定＋（整体＋否定，b 组）＝否定＋整体（a 组），即（b11、b21、b31）＝（a1、a2、a3）

"整体"和"部分"是一对矛盾关系的范畴，如果一个事物不是"整体"，那它一定是"部分"，否则，如果一个事物不是部分，则一定是"整体"，所以结论：否定＋整体（a1、a2、a3）＝肯定＋部分（c1、c2、c3）；否定＋部分（c1、c2、c3）＝整体＋肯定（e1、e2、e3）得到印证。同样，如果整体事物是否定的，则事物中的一部分当然也应该否定，所以结论：整体＋否定（b1、b2、b3）＝否定＋部分（d1、d2、d3）也是符合逻辑的。

第二部分的关系式也是可以推导的：由于"否定＋（否定＋整体）a"中的"（否定＋整体）a"等于"肯定＋部分c"，所以，否定＋（否定＋整体）a＝否定＋（肯定＋部分）c＝否定＋部分d；而"整体＋否定"b等于"否定＋部分"d，这样就可以得出：否定＋（否定＋整体）a＝否定＋（肯定＋部分）c＝（否定＋部分）d＝（整体＋否定）b，即，否定＋（否定＋整体）a＝（整体＋否定）b。

同样，否定＋（整体＋否定）b中，"（整体＋否定）b"等于"（否定＋部分）d"，所以原关系式可以推导为：否定＋（整体＋否定）b＝否定＋（否定＋部分）d＝（否定＋整体）a。

有一个问题是，如果按照这样推理"整体＋否定（b1、b2、b3）＝否定＋部分（d1、d2、d3）"，而"否定＋部分（c1、c2、c3）＝整体＋肯定（e1、e2、e3）＝否定＋整体（a1、a2、a3）"，那么岂不是"否定＋整体"等于"整体＋肯定"了，这显然是不可能的。其实前面两个"否定＋部分"是不同的两个"部分"，即d类和c类的"部分"并不相同，d类的"部分"在句中表"周遍性"，c类的"部分"不表"周遍性"。

再看下列例子：

f1 一点儿也没有得到处理。

f2 丝毫没有变化。

f3 片刻没有休息。

变化一下：(c 类)

g1 没有一点儿得到处理。

g2 没有丝毫变化。

g3 没有片刻休息。

可见，f 类和 g 类表达的语义基本一致，都表示"整体＋否定"（b 类），主要原因是 f 类和 g 类中的"部分"都表"周遍性"，即"整体"的含义。所以可以将结论具体一点：

否定＋整体（a1、a2、a3）＝肯定＋部分（c1、c2、c3）；

整体＋否定（b1、b2、b3）＝否定＋部分＜周遍＞（d1、d2、d3）；

否定＋部分＜非周遍＞（c1、c2、c3）＝整体＋肯定（e1、e2、e3）。

从 f 类和 g 类可以看出，表"周遍性"的"部分"无论在否定之前，还是之后，都表达的是"整体＋否定"（b 类）。而不表"周遍性"的"部分"在否定的前后表现不同。

h1 一半的人没有去。

h2 其中的三个萝卜不是青的。

h3 少部分人不是学生。

k1 并非一半的人去了。

k2 并非其中三个萝卜是青的。

k3 并非少部分人是学生。

k 类在语义上等值于 e 类，即"整体＋肯定"，即否定"部分"等于肯定"整体"，再次印证了"整体"和"部分"这对范畴的相互矛盾的关系。

这充分说明"整体"和"部分"分别位于否定词的前后其表现并不对称，凸显出语言使用上的不平衡性。

为什么 g 类也表示"整体＋否定"（b 类）呢？其实，这和这种句式表达周遍性有很大关系。如果不表示周遍性，则只表达"部分＋否定"（h 类）。

下面我们从逻辑学的角度对上述句子做出分析。

在逻辑学中，句子称为命题，上述讨论的命题叫直言命题，直言命题根据命题中质和量的不同大致分为四类：

(1) 全称肯定命题（A 命题），其逻辑表达式为：所有的 s 都是 p。

(2) 全称否定命题（E 命题），其逻辑表达式为：所有的 s 都不是 p。

(3) 特称肯定命题（I 命题），其逻辑表达式为：有的 s 是 p。

(4) 特称否定命题（O 命题），其逻辑表达式为：有的 s 不是 p。

它们之间的关系可以用一个图示来表示：

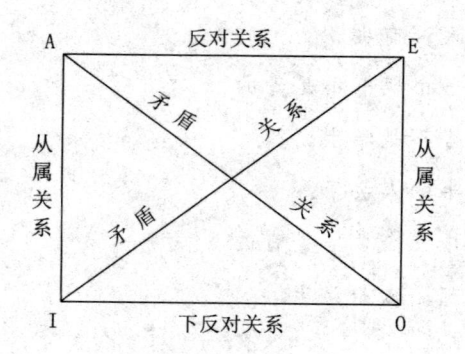

其中，反对关系的真假值是：可以同时为假，不可以同时为真。

下反对关系的真假值是：可以同时为真，不可以同时为假。

矛盾关系的真假值是：既不同时为真，也不同时为假。

从属关系的真假值是：当全称命题为真时，特称命题也为真；当全称命题为假时，特称命题真假不定。当特称命题为假时，全称命题为假；当特称命题为真时，全称命题真假不定。

根据质和量的关系可知：

a组是I命题，b组是E命题，c组也是I命题，d组其实也是E命题。

a组和b组在逻辑学上是一对具有矛盾关系的直言命题。a类叫特称肯定命题，b类叫全称否定命题，二者的真假值关系是：否定a组得b组，否定b组得a组。如：

(1) 所有的法律文书都不是文学作品。
(2) 所有的传统图书都不是电子书。

以上两例都是E命题。

(3) 有的法律文书是文学作品。
(4) 有的传统图书是电子书。

以上两例都是I命题。如果否定(1)，就会得出(3)；如果否定(2)，就会得出(4)。反之，如果否定(3)，就会得出(1)；如果否定(4)，就会得出(2)。(1)、(2)这组和(3)、(4)这组是矛盾关系。同样的道理，c组和d组也是矛盾关系，否定c组得d组，否定d组得c组。

e组属于A命题，由于对c组否定时，一般会认为对数量词的否定，即否定表"部分"的数量词得出表"整体"的数量词，因此e组属于A命题。f组和g组虽然否定词所处的位置不同，但由于量词表示周遍性，所以都可以认为是E命题。h组是O命题，k组属于对h组的否定，即对O命题的否定，所以否定O命题得A命题，因此k组也是A命题，和e组相同，即e组＝k组。

我们知道了上述句子都属于哪种命题后，就可以根据命题之间的真假关系来进行推理了。由于a组和c组相同，b组和d组相同，所以a＝c，b＝d，又知a和b是矛盾关系，所以否定a等于b，否定b等于a；同理，c组和d组的关系也是矛盾关系，否定c等于d，否定d也等于c。

由此可见，在语法研究中引入逻辑原理分析有助于梳理清其中复杂的关系，比如"完全没有"和"没有完全"其实是矛盾关系，如果用逻辑学的命题原理分析，就比较简单。"完全没有"是全称否定，"没有完全"其实是特称肯定的特殊表达，二者是矛盾关系，这样就直接可以得出否定"完全没有"就等于承认"没有完全"，这样就可以很清楚地把握二者之间的关系。这就是语法研究中引入逻辑分析的好处，它可以化繁为简，使语法分析变得更为合理，更为科学。

第三节 "真有趣""太有趣"辨析
——感叹句的句法语义

"真有趣"和"太有趣了"都表示感叹，从这一点上看，似乎二者区别不大，但要想发现二者的区别，可以考察二者的组合环境，比如前边加"确实、实在、的确、真是"等一组词：

a 真有趣——a1 确实真有趣！*——a2 实在真有趣！*——a3 的确真有趣！*——a4 真是真有趣！*

b 太有趣了！——b1 确实太有趣了！——b2 实在太有趣了！——b3 的确太有趣了！——b4 真是太有趣了！

通过比较看出：a 组不能说，b 组可以。为什么 a 组不能说呢？

其实关键在于"真"和"太"是有区别的。"真有趣"其实就是"真的很有趣"，而"太有趣了"则相当于"很有趣"，这样，"真有趣"其实可以分解为"真的有趣"和"很有趣"即真有趣！＝真的有趣！＋很有趣！

从语义上讲，"真有趣"涵盖两方面的内涵，一是表示"确认"，通过"真的"表达；另一个是表示"程度"，通过"很"表达。换句话说，"有趣"为核心的感叹句能容纳的语义是"确认"和"程度"。两种语义可以同存，也可以只存其一。

再看看这两个例子。由于"太有趣了"相当于"很有趣"，所以，可以和表"确认"的"确实、实在、的确、真是"等一组词连用，这是同存的用法。

其实，"确实太有趣了"相当于"真有趣"，因为"真有趣"相当于"真的很有趣"，而"真的很有趣"就涵盖了"确认"和"程度"两种语义，是一种同存的用法。同样，"确实太有趣了"也包含了"确认"和"程度"两种语义，也是一种同存的用法。

我们还可以用这种方法考察其他的类似感叹句。

d 多（么）有趣！——d1 确实多（么）有趣！*——d2 实在多（么）有趣！*——d3 的确多（么）有趣！*——d4 真是多（么）

有趣！*

　　e 好有趣！——e1 确实好有趣！*——e2 实在好有趣！*——e3 的确好有趣！*——e4 真是好有趣！*

　　f 极有趣！——f1 确实极有趣！*——f2 实在极有趣！*——f3 的确极有趣！*——f4 真是极有趣！*

　　g 非常有趣！——g1 确实非常有趣！——g2 实在非常有趣！——g3 的确非常有趣！——g4 真是非常有趣！

　　比较发现，d、e、f 组不能说，g 组可以。这样，我们就把 d、e、f 归为 a 类，g 归为 b 类，a 类是同用，词语有"真、多（么）、好、极"等，表"确认"和"程度"；b 类是单用，词语有"太""很""非常"等，表"程度"。其实还应该有一类，就是"确实、实在、的确、真是"等一组词单独放在"有趣"前构成的感叹句：

　　c 确实有趣！——c1 实在有趣！——c2 的确有趣！——c3 真是有趣！

　　显然 c 组也说得通。我们把 c 组归为 c 类。整理一下，得出结论：
　　a 类是同存，表"确认"和"程度"；b 类是单用，表"程度"；c 类也是单用，表"确认"。从语义上讲：

$$a 类 = b 类 + c 类$$

第二章 短语、句子研究

这种结论在语言事实中也得到证明。看例句：

(1) 觉得自己太胆小了，还没看清那个女人的身子自己就不行了，真窝囊呀！(《中国北漂艺人生存实录》)

(2) 跳车逃走，我宁愿摔死，也不愿就这么灰溜溜地回杭州，那多丢人呀！(《中国北漂艺人生存实录》)

(3) 旁边是简陋的绘画工具，便说："真没想到，原来你们画家这么穷！"(《中国北漂艺人生存实录》)

(4) 虽然身体不错，没有什么意外发生，但是戏一天拍下来，那一个累啊！(《中国北漂艺人生存实录》)

(5) 不清本来面目的脸，已被我气成了猪肝色，那一定比死人的脸还难看！(《中国北漂艺人生存实录》)

(6) 说中国和印度等东方国家"黄金遍地、香料盈野……"这非常诱人！(《中国儿童百科全书》)

(7) 款大大超过了这规定，已经比"百分之五"的比例多出了五倍还要多！(《中国农民调查》)

(8) 取消、暂缓执行、需要修改或坚决予以纠正的，计一百二十二项之多！(《中国农民调查》)

(9) 重耳的妻子姜氏。姜氏对重耳说："听说你们要想回晋国去，这很好哇！"(《中华上下五千年》)

(10) 多浏览一些兵法，懂得一点历史罢了。你说事情多，总比不上我多吧！(《中华上下五千年》)

(11) 真宗以为曹利用答应的赔款数目是三百万，不禁惊叫起来："这么多！"(《中华上下五千年》)

(12) 这可叫刘禹锡太为难啦！(《中华上下五千年》)

从这些例子中可以看出，表"程度"和"确认"的语义的确非常普遍，特别是表"程度"的语义。例（1）是典型的同存的例子。例（2）同存之外，前边有"那"用来指称，其实指称本身就带有"确认"的意味。例（3）中"这么"表"是多么"的意思，显然是表"程度"和"确认"的。例（4）"那一个累"意为"那是多么累"，既表"程度"，也表"确认"。例（5）"比……还"显然表"程度"，前边"一定"表"确认"。例（6）"这"表指称，"非常"表程度。

其实，有些句子，虽然不是以形容词为核心的感叹句，但是可以变换成以形容词为核心的感叹句，看例句：

（13）这是多么一厢情愿的事呀！
（14）那将是一支多么伟大的力量！
（15）那是一个多么美丽的姑娘！
（16）好一派丰收的景象！

它们分别变换为：

（13a）这件事多么一厢情愿！
（14a）那支力量多么伟大！
（15a）那姑娘多么美丽！
（16a）丰收的景象太好了！

一些以形容词为核心表程度的短语作为补语的感叹句，其实真正表达全局意思的仍然还是补语部分。

（17）打得真漂亮！～真漂亮！
（18）吃得真舒服！～真舒服！

（19）写得多认真！～多认真！

（20）玩得太高兴了！～太高兴了！

进一步考察语料发现，"程度"并非仅是以形容词为核心的感叹句的专属，几乎所有的感叹句都与"程度"有关。总结一下，感叹句中的"程度"主要分为三类。

一 通过表"程度"的词语

1. "这么、那么、真、多（么）、太、好、实在"等专门表感叹的词语，"程度"显而易见。

（21）多么有趣的故事呀！

（22）这么高的收视率！

（23）太精彩了！

（24）好漂亮呀！

2. 性质形容词表"程度"。

（25）这效益大着呢！

（26）好！

（27）也要把问题搞透！

（28）这是大秀才喽！

3. "永远""终得"等表持久"程度"的词。

（29）党和政府永远是农民的主心骨！

（30）终得遭报应！

4. 趋向动词表"程度"。

(31) 富起来就有指望了!

5. 表意愿和决心的助动词。

(32) 要查到底,追究责任,教育干部!
(33) 要不断进取,下苦功夫!一定要把淮河治好!

二 通过句式表达"程度"

1. "比……还"表比较的句式,表"程度"。

(34) 款大大超过了这规定,已经比"百分之五"的比例多出了五倍还要多!(《中国农民调查》)
(35) 多浏览一些兵法,懂得一点历史罢了。你说事情多,总比不上我多吧!(《中华上下五千年》)

2. "既……又"句式表"程度"。

(36) 既让你掏钱,又让你说不清道不明的!
(37) 大力拐村在乡里增加农民负担的基础上,又相继增加项目,提高额度!

三 通过修辞方式,表"程度"

1. 反问。

（38）何况我们共产党员呢！

（39）收获何止这些！

（40）这富裕还有什么意义！

（41）不知道当初为什么来了一群人参观！

（42）为啥拼命不干！

2. 呼告、祝愿表"程度"。

（43）总理，您好！

（44）并恭祝大家在新的一年身体健康，万事如意！

（45）表示衷心的感谢！

3. 排比表"程度"。

（46）农民负担的人和事要查清楚几例，为民做主，为民办事，为民服务！

（47）这一连几个"为民"的要求，字字千斤，灼灼真情！

从以上分析可以看出，感叹句的语义和"程度"及"确认"，二者可以共存，也可以只存其一，但无论如何，不能二者皆缺。实际上，即使由独词构成的感叹句，也会表达出这两个语义条件。

(48) 蛇!

(49) 飞机!

这样的句子多是表示惊讶或惊叹的程度。

(50) 人要讲良心哪!

(51) 不要随地吐痰!

以上（50）、（51）则表示确认。

第四节　认知框架下关于句子的思考

一　认知语言学和结构主义语言学对句子的不同理解

在结构主义语言学里，句子的描写往往是静态的描写，通过静态的描写，确定句子的结构、层次和类型，这对于认识静态平面上的句子有一定的意义。但是句子是一个交际单位，从本质上讲是动态的，研究句子的内部结构和层次，并以此给句子分类固然重要，但毕竟这种研究不能揭示句子的本质。由于句子的本质是一个交际单位，因此在句子形成的过程中，人的思维往往决定句子的诸多方面。比如人在讲话时，会有讲话的背景，讲话中会涉及人与人之间的关系，人与物之间的关系，人在讲话前还要考虑态度和礼貌问题等。这些因素无不反映人的认知能力和水平，所以从本质上讲，句子是人对现实现象认识的反映，这种反映隐含在句子里，有待于我们发现、分析和总结它们。从根本上讲，在研究句子时认知语言学更加重视"人"的因素，因为语言本身就是表达人的认知的，语言是思维的结果，是思维的表现形式，这实际上又归结到了语言自身的意义上来，所以动态地研究句子,从认识自然、社会的经验和习俗、心理和感觉等方面研究句子正是认知语言学所强调的。人对自然现象和社会现象的观察至关重要,通过这种观察所建立起来的经验,人面临各种情况时基于经验而产生的各种心理表象等都会对语言及语言中的句子产生影响。认知语言学强调观察和经验,观察和经验的积累会产生一定的心理暗示,从而在思维中形成思维定式。任何语言现象都不可能摆脱思维的束缚,不能摆脱思维定式对语言的影响。所以句子的研究应该从观察现实现象入手,通过对现实现象的总结,找出其在句子中的对应关系。

二 句子研究的回顾

1. 句型研究。句型研究是对句子的结构模式的研究。对句型的研究大致可以分为三个阶段。

(1) 纯描写阶段:黎锦熙《新著国语文法》(1924)根据主语、述语、宾语和补足语的组合方式归纳出四种句子的基本结构形式:(A) 主语‖述语 (B) 主语‖述语∣宾语 (C) 主语‖述语/补足语 (D) 主语‖述语∣宾语/补足语。这是汉语句型的雏形。《汉语知识》(1956)根据六大句子成分的相互配合方式总结出三大类十八种最基本的单句句式,第一类包含主、谓,第二类包含主、谓、宾、补,第三类包含主、谓、宾、补、定、状。

(2) 强调动词在划分句型中的重要性。20 世纪 70 年代末,吕叔湘《汉语语法分析问题》(1979)强调动词在划分句型中的重要性,他在《现代汉语八百词》(1980)中根据汉语动词的特点及组合类型列举了十三种句式。胡裕树主编的《现代汉语》(1981)主张根据句子的结构和格局划分句型,但在主谓句中主要是按照动词组合的特点进行分类。邢福义《论现代汉语句型系统》(1983)把"层次"观念和"动词中心"说结合起来提出了句子结构的"分层向核性"特点。邵敬敏《句型的分类及其原则》（1984）提出按照基础短语的类型来构建句型系统，其实也是建立在重视动词的基础上的，因为基础短语实际上是按动词和其他词语的组合建立起来的。

（3）多角度考察句型。李临定《现代汉语句型》（1986）主张根据句子构造之间的对比，找出一系列区别特征（对比特征），从多个角度建立了句型系统。陈建民《现代汉语句型论》（1986）特别重视口语的句型，主张构建口语的句型系统。

（4）句型研究和语义结合起来。1985年召开的"句型和动词"学术研讨会上，学者们关注动词的语义特征、动词所带成分，把它们作为划分句型的依据。20世纪90年代以来结合语义研究句型成为热点。张学成《语法修辞方法论》（1991）中的《表层句型和深层句型》借鉴生成语法理论把句型分为表层句型和深层句型。深层句型是由语义成分组成的非线性序列，由深层句型可以推导出表层句型。如深层结构"施事＋动词＋受事"可以推导出"动词＋施事＋受事""受事＋施事＋动词""施事＋受事＋动词"等表层结构。张黎《试论汉语语义句型的划分》（1995）建立了一个五层语义句型系统，五层依次是命题结构、时体结构、句模结构、静态结构和语气结构，每层又有下位分类。

2. 句类研究。句类是按句子的语气划分的类别，现在一般分为陈述句、疑问句、祈使句、感叹句四种。何容在《中国文法论》（1942）提出句类这个概念，认为句类就是句子按语气的分类，否定了《马氏文通》（1898）和《新著国语文法》（1924）以助词判断语气的做法，认为没有助词的语句同样拥有语气。王力《中国现代语法》（1943—1944）认为语气是通过语调和语气词表现出来，该书根据语气词的不同把语气分为四类十二种：

(1) 确定语气，包括决定、表明、夸张三种；

(2) 不定语气，包括疑问、反问、假设、揣测四种；

(3) 意志语气，包括祈使、催促、忍受三种；

(4) 感叹语气，包括不平、论理两种。

吕叔湘《中国文法要略》(1942—1944)分广义语气和狭义语气。广义语气包括狭义语气、语意、语势三类。狭义语气分三种：

(1) 与认识有关，包括直陈、疑问两种；

(2) 与行动有关，包括商量和祈使；

(3) 语意是从正反、虚实来说的。

高名凯《汉语语法论》(1948)从命题的角度把语气分为六种：否定、确定、询问、疑惑（包括传疑和反诘）、命令（分强制和非强制）、感叹。黄伯荣《陈述句疑问句祈使句感叹句》(1957)认为："语调在句子语气或用途的分类中起着很重要的作用，其他影响因素还有语气助词、语序和说话人的态度表情。"

20世纪80年代以来，句类研究越来越受到重视。胡明扬发表了《北京话的语气助词和叹词》(1981)，全面探讨北京话的语气词和语气系统。贺阳《试论汉语书面语的语气系统》(1992)对汉语书面语语气系统作了较为全面的理论分析，认为语气是通过语法形式表达的说话人针对句中命题的主观意识。他把语气分为三大类：功能语气、评判语气、情感语气，从不同层面对汉语书面语语气进行描写。在对具体句类的研究上，吕叔湘《疑问·否定·肯定》(1985)认为特指问和是非问是基本类型，正反问和选择问是从是非问派生出来的。朱德熙《语法讲义》(1982)、林裕文《谈疑问句》(1985)、邢福义《现代汉语》(1991)等，认为疑问句应该分为特指问、选择问、是非问。袁毓林《正反问及相关的类型学参项》(1993)指出疑问句的层级系统需要从历时和共时两方面进行考察。邵敬敏《现代汉语疑问句研究》(1998)

主张建立了一套多层级的疑问句系统。关于疑问程度,吕叔湘认为区分三种不同疑问:询问、反诘、测度。徐杰、张林林《疑问程度和疑问句式》(1985)结合疑问句的类型把疑问程度量化为四级,黄国营《"吗"字句用法初探》(1986)根据语境把疑问程度分为五级,李宇明、唐志东《汉族儿童问句系统系的探索》(1992)把疑问句分为高疑、低疑和无疑三种。

关于特殊句式的研究,王力在《中国现代语法》讨论了六种句式:能愿式、使成式、处置式、被动式、递系式、紧缩式。宋玉柱《处置新解》(1979)和《关于"把"字句的两个问题》(1981)、王还《"把"字句中"把"的宾语》(1985)、邵敬敏《把字句及其变换句式》(1986)等研究了"把"字句相关问题。金立鑫《"把"字句的句法、语义、语境特征》(1997)将"把"字句分为三类:结果类、情态类和动量类,从三个方面讨论"把"字句。曹逢甫《从主题—评论的观点看"把"字句》(1987)从语用学的角度讨论"把"字句。

三 认知语言学对句子的解读

认知语言学探讨在认知理论框架之下,如何认识句子、分析句子。基于这个目的,我们在运用认知理论的基础上,结合结构语言学对句子的描写和分析,提出句子的新概念,并找出分析句子的新方法。

1. 关于句子的认识

对于一个句子而言,认知语言学是把它当作一个简单的事件,这个事件由人物、时间、处所、事件等因素构成,而事件本身则有一个起因、发展、结局的过程。所以整个事件体现人的一种活动,是人的认知活动。在句子中人的因素至关重要,因为事件的发生是由人引起的。在和事件相关的人物中,有一个人物是事件的挑起者,他是事件中活动的动力,没有他的挑起,就不会有相关的行为。我们把这个人物称为源发人物,源发人物在句子中是由一个名词表示的,这个名词称为源发名词。我们可以说,事件之所以发生,其实就是源发人物一系列的认知行为导致的,他的思想、意识会决定他的行动,而产生这种思想、意识的原因应该是有一个导致这种思想、意识的背景,这样它们之间的关系可以表示如下:

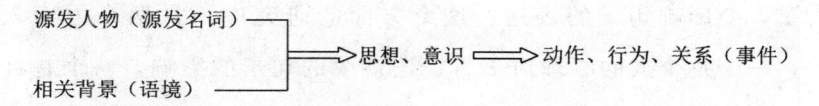

```
源发人物(源发名词)┐
                  ├─→ 思想、意识 ══> 动作、行为、关系(事件)
相关背景(语境)  ┘
```

相关背景可以认为是事件的起因,因为正是有了这样一个前提,才导致了源发人物一系列的思想活动,导致了他一系列的行为。应该指出的是,源发人物其实是包含在背景之中的,是相关背景中的一个因子,这个背景包含面比较宽,凡是导致源发人物之后行为的一切原因都可以称为相关背景。对于事件本身,也包含了一个过程:开端、经过、结果。示意图如下:

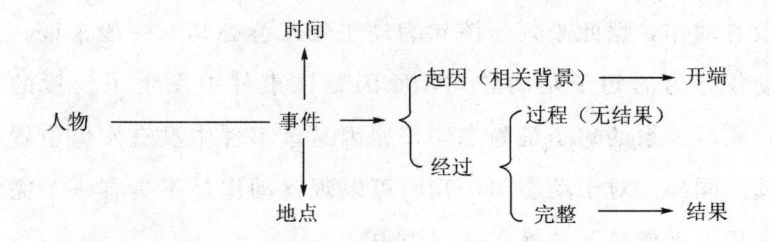

```
                时间
                 ↑
                 │              ┌─起因(相关背景)─────→ 开端
人物 ─────→ 事件 ─→ ┤  ┌过程(无结果)
                 │              └经过┤
                 ↓              └完整 ─────→ 结果
                地点
```

2. 基于对句子的认识,我们应该重视哪些因素

(1) 重视语境(由相关背景而来)。语境就是围绕源发人物的一系列关系和环境,当然,这个背景一定要和后来发生的事件有联系,否则,即使围绕在源发人物身边,也不一定就对事件造成影响。重视语境,其实就是重视事件发生的起因,语境对于理解源发人物的行为至关重要,这就决定了语境对于理解句子、句

子的言外之意也有着不可替代的作用。

（2）重视源发人物的心理认知（由思想、意识而来）。源发人物的心理和意识是他决定自己行为的基础，是行为之纲，当然，这种心理的起因主要是相关的背景决定的。这里应该强调的是，个人的心理可以决定个人的行为，但是个人的心理受制于大众的心理，大众的心理会形成一种社会习俗，这种社会习俗往往影响事件的发展和走向。因此，社会习俗对事件的影响折射到语言里，会影响句子的表达。这个方面的研究应该从两个方面入手，一个是个人的心理对语言、语言中的句子的影响，一个是社会习俗对语言、语言中的句子的影响。

（3）重视事件本身（动作、行为）：动态∥静态；动作完整∥过程；动作的结果。重视事件本身要求我们细心观察事件，通过观察事件建立起对句子的认识。比如，事件中有的事件是表示动作行为的："张三批评了李四"，有的是表达关系的："小李认识老王"。表示动作行为必然会有相应的表动作或行为的词语，我们可以通过观察事件过程中是否发生了位移现象来确定事件之中有没有动作，据此来判断该句为动态句或静态句。一般来说，表示动作行为的句子是动态句，原因是该事件中发生了位置的移动；表示关系的句子是静态句，原因是该事件中没有发生位置的移动。同样，对于动态句，我们可以观察动作是不是有一个完整的过程，动作是不是处在进行当中。

3. 动态句∥静态句；完整∥过程

关于动态句和静态句，我们把它们定义为，事件中发生了位移现象或在一时间点前后发生明显变化的是动态句，并不表明事件中发生了位移现象，仅表示某种关系或描述静态存在的事物的是静态句。动态和静态其实就是我们在现实生活中观察到的诸多现象之一，这种现象在语言里，表现在句子里必然有所体现，我们根据观察，可以这样分类：

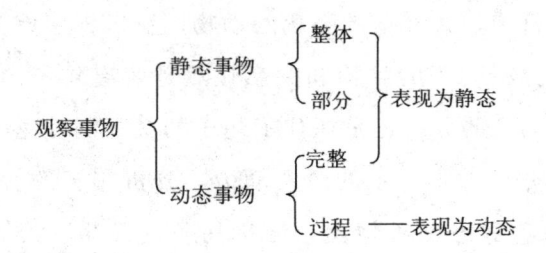

```
                   ┌─ 整体 ┐
         ┌ 静态事物 ┤      ├─ 表现为静态
         │         └─ 部分 ┘
观察事物 ┤
         │         ┌─ 完整 ┐
         └ 动态事物 ┤      
                   └─ 过程 ── 表现为动态
```

  整体和部分也是观察到的一种现象，表整体的静态事物，往往需要远观，表部分的静态事物往往需要近观。由于观察的角度不同，所以远观对事物的印象和近观对事物的印象是不同的。总的来说，远观看到的往往是事物的轮廓，因此不太清晰；近观看到的往往是事物的局部细节，所以比较清晰。观察角度不同必然带来观察结果不同，这会在句子中有所体现，会对句子造成一定的影响。对于动态事物而言，有的动作有一个完整的过程，有的动作是在进行当中，还没有最终完成。具有完整过程的动作会产生相应的结果，而没有完整过程的动作不会有结果。

  动态和静态、整体和部分是两个辩证的范畴，两个范畴又互有影响，它们表现在语言里使得有的句子呈动作性，在表达上体现出生动性的特点，有的句子不具有动作性的特点，但表达缜密，韵味深长。因此语言表达魅力就是通过它们传递出来的。

四　认知语言学分析句子的优点

  认知语言学分析句子是从人的认知心理及和事物之间的关系来分析句子，应该说是一种宏观的分析，和结构主义对句子的分析不同，结构主义对句子的分析着眼于微观，着眼于局部，是一种静态的分析。认知语言学更重视句子的动态分析，重视句子中"人"的因素，因而这种分析更接近句子动态性的特点。句子是最小的交际单位，所以句子的交际属性应该是最本质的属性，交际是人与人的行为，人又是社会化的动物，所以不考虑人的社会性，只简单地分析句子的结构和关系显然是背离句子的初衷的。认知语言学对句子的分析正是抓住了句子的交际属性这一本质特征分析句子，分析句子产生的源发动力，分析句子的背景知识，分析句子动态和静态两种情况，分析句子的发生、经过、结果等，这种分析更为全面也更为具体，也最能接近句子的实质。因此，句子的动态分析是最接近句子属性的分析，它能够发现和解决许多在静态分析中不能发现和解决的问题，把句子的研究推向深入。

第五节　假设复句的交际功能分类分析

探讨假设复句的交际功能是把假设复句放在交际语境中，动态地观察假设复句在言语交际中的交际功能，变静态的分析为动态的分析。假设复句既包含了句法平面的内容，又包含了逻辑平面的内容，这些内容在言语交际中对假设复句的交际功能有无影响，应该是对假设复句进行动态分析的重点。本节仅对假设复句的交际功能进行分类，并作简要分析，期待抛砖引玉。

假设复句的交际功能，是指假设复句作为言语交际的单位，在表达中所传递出来的交际意图。在言语交际中，一个语句通常通过语境意义表达交际意图，而语境意义的形成，往往是由多方面原因造成的，不能简单地视为语句的字面意义。假设复句作为言语单位，反映出的语境意义很多时候并不是字面意义，字面意义背后的言外之意才是它真正的交际意图。追究假设复句的交际意图，对于理解假设复句的交际功能，动态地分析假设复句很有帮助。本节从交际意图的角度分析假设复句的语境意义，对假设复句的交际功能进行分类。

一　假设复句的交际功能分类

（一）悔怨式

悔怨式假设复句又分为三个小类。

1. 表示委婉的劝解

一般都是别人劝解当事人，这种劝解往往是说话者把责任揽给自己，说明造成这样不好结果的原因在自己，而非当事人，以此劝解当事人。

（1）如果你和我在一起，后果就不会是这样了。（电视剧《情深深，雨濛濛》）

（2）（婉约）这事应该怪我，如果我的态度更坚决一些，也许你就不会去动刀子了。（女真《谁的眼泪在飞》，《百花洲》2005年第3期）

2. 表示对过去事情的后悔。一般当事人对自己过去行为的后悔

（3）我要是像你这样，不用伺候男人，也不用带孩子，我的体形也能保持得挺好，也就不用挨刀子了。（女真《谁的眼泪在飞》，《百花洲》2005年第3期）

（4）我后悔当年怎么没把那几个孩子生下来，如果咬着牙生下来一个，也不至于闹得现在这么惨。（女真《谁的眼泪在飞》，《百花洲》2005年第3期）

3. 带有某种抱怨。一般是说话者对自己或他人过去行为的后悔、埋怨，也有他人对当事人的抱怨

(5)（医生说）"再晚来一天，你的命就没了。"（女真《谁的眼泪在飞》，《百花洲》2005年第3期）

(6) 如果当时我们不那么坚强，我们现在也不会那么多遗憾。（刘若英《后来》歌词）

从交际表达的用途来看：3类都是表达对过去事情的不满，但语气有轻有重，第1类语气较轻，第2类语气稍重，第3类语气较重。这种格式的例句无论说话者是谁，大都表示对过去事情的后悔或抱怨，这种不满情绪是由现实的状况同自己所期望的状况之间的矛盾造成的。比如例（2）的事实是"我的态度不坚决，当事人动刀子做美容了"（结果因手术失败而住进医院）。事实同自己的期望恰好相反，存在矛盾。这类假设复句在实际中运用得最多。

(二) 反驳式

反驳式假设复句也分为两个小类。

1. 直接反驳对方

(7) 如果我们没有金刚钻，就不会揽瓷器活。（邵敬敏《现代汉语通论》，上海教育出版社2001年版）

(8) 如果我不会做这道题，就不会夸海口。

2. 先退一步，然后反驳对方。通常称让步假设

(9) 即使有人将美丽这资本投向肮脏的交易，也不管古人是

否大骂美女为祸水,但所有的女人仍希望自己能够成为旷世美女,哪怕红颜薄命,她们也在所不惜。(温海霞《女人话题》,《百花洲》2005年第3期)

之所以把这两种称为反驳式,从交际表达的角度看,这类假设句往往是反驳对方观点和看法的,比如例(7)的前提事实是对方认为"我们"不能胜任某项工作。第2类则先假设承认对方的观点是事实,退一步,然后反驳对方:即使这样我也要坚持自己的做法(或看法)。如例(9)大家都认为美女为祸水,说话者却偏要做旷世美女,显然说话者并不认为美女有什么不好,是对对方观点的驳斥。

(三)预测式

1. 预测表示本意。预测的结果也就是说话者想要表达的意图,是正面预测,语气较重且比较肯定

(10)要是明天让柴林打主攻,这场球准能赢。(邵敬敏《现代汉语通论》,上海教育出版社2001年版)

(11)假使真有能力把供销社干下去的话,他肝脑涂地也要报知遇之恩。(邢福义《现代汉语》,高等教育出版社2000年版)

2. 预测表示反意。预测的结果并不是说话者想要的,是正话反说,有明显的试探语气

(12)合着如果他们离了,你就会嫁给他。(女真《谁的眼泪在飞》,《百花洲》2005年第3期)

(13)这么说要是明天我不来,你就不理我了?

预测式不是对既成事实的抱怨、后悔，也不是对别人观点的驳斥，它是对未来情况提出的一种愿望，是对未来的一种预测。预测式是建立在"事实尚未形成，结果还未一定"的前提下的，所以，不存在抱怨或反驳的交际用途。由于事实形成是将来的事，现在还未确定，所以，说话者有理由提出对将来可能形成事实的一种预判，这种预判有的是说话者的一种期望，希望结果如自己所愿，如例（10）说话者希望的结果是"明天柴林打主攻，球赢下来"。有的则是表达了同字面意思相反的交际意图，如例（12）的字面意思是：说话者（翁海玲）同丈夫（谢舶）离婚后，让受话者（钱婉约）同说话者（翁海玲）的丈夫结婚。但说话者（翁海玲）显然不是这个意思，唯恐丈夫同别的女人有染的翁海玲当然不会有这种想法，她这样说无非是想试探着敲打一下好朋友钱婉约，不要对她丈夫有非分之想。由于预测式假设复句预测的是将来的事，所以，句中往往有表将来的时间词。值得注意的是：第2类预测反意的，好像有事实存在，如例（12）现在的事实是：我们没有离婚，你也没有嫁给他。但这里的假设是针对将来的状况提出的，即，将来我们离了婚会是怎样的结果，行为是将来发生，针对的时间是将来，将来的"事实"并未产生，同悔怨式完全不同。悔怨式是针对过去或现在的状况提出的假设，动作、行为是过去或现在发生，针对的对象是过去或现在，如悔怨式例（1）"如果你和我在一起，后果就不会是这样了"，是指"如果过去你和我在一起，就不会是现在这个样子了"。所以，不能把二者等同起来。

（四）推论式

1. 直接推论。由假设的前提直接推导出结论

（14）若无你的剑，也无此字。（电影《英雄》中残剑语）

（15）如果男人招呼都不打一声就不回家，那就是出问题了。（女真《谁的眼泪在飞》，《百花洲》2005年第3期）

2. 类比推论

（16）如果说南郭先生的装腔作势，只是骗了一个齐宣王，那么在革命队伍里装腔作势，那就是骗党，骗群众。（毛泽东《反对党八股》）

（17）如果说毛泽东同志是开创新中国的第一人，那么，邓小平同志无疑是把中国引向改革开放的第一人。（《人民日报》）

推论式假设复句，前后两个分句存在着推导关系，前句是假设前提，后句是推导出的结论。推论式假设复句往往是对一些抽象事物因果联系的推理，是一种道理讲解和推导，所以一般不涉及具体时间，一般不存在事实是否形成的具体语用探究。但例（14）比较例外，它是建立在事实形成的基础上的，事实是"有了你的剑的保护，我才得以写成这个字"。因此它不是一般抽象道理的推导，而是具体事实的陈述。

（五）反问式
1. 语气较轻的反问式假设复句

（18）如果没有了儿子，她活着还有什么意思呢？（女真《谁的眼泪在飞》，《百花洲》2005年第3期）

（19）如果钱婉约家里确实没有她翁海玲的男人，她该如何面对自己的朋友呢？（女真《谁的眼泪在飞》，《百花洲》2005年第3期）

2. 语气较重的反问式假设复句

(20) 是,你又怎么样?(电视剧《小兵张嘎》)

(21) 如果你去还不行,那么谁去行呢?

反问式假设复句的形式是前句表假设,后句是在假设基础上的反问。说话者要表达的交际意图往往同后一个分句的字面意思相反,如例(19)的字面意思是"要面对自己的朋友",而事实上说话者翁海玲要是搜寻无果的话,就无法面对自己的朋友钱婉约了。反问式假设复句的交际用途是表达说话者的强烈态度,因为,反问句本身就表达强烈的语气。反问式假设复句的语气,一般来说,建立在事实形成基础上的反问语气要强烈些,如例(20)、(21),例(21)的前提事实是:你去了,但不行。如果事实尚未形成,语气可能就舒缓些,如例(18)、(19),例(19)的前提事实是:翁海玲还没有到钱婉约的家里搜寻她的丈夫,心里很矛盾,既怀疑她的丈夫同钱婉约有约会,又怕搜不出来让人笑话,所以,"搜寻"的事实并未形成。

(六)祈告式

1. 告诉、通知的表达意图

(22) 真要是哪个女人看上他了,婉约你得给我提个醒,省得我总替他操心。(女真《谁的眼泪在飞》,《百花洲》2005年第3期)

(23) 如果你临时有事,可以打个电话来。(黄伯荣、廖序东《现代汉语》,高等教育出版社1997年版)

2. 祈使、命令的表达意图

（24）要是想儿子，你就明说，别总拿我撒气！（女真《谁的眼泪在飞》，《百花洲》2005年第3期）

（25）院长你容我回去想一想，如果有人对红袖和红叶有意思的话，你一定先告诉我啊。（女真《谁的眼泪在飞》，《百花洲》2005年第3期）

祈告式假设复句比较口语化，往往是双方的对话，前边的分句提出一种假设，后一个分句就这种假设提出解决的办法。有的语气较轻，是一种告知的口吻，往往是提出的假设事实没有形成，如例（22）、（23），例（22）翁海玲向钱婉约提出要求时，根据她的理解，显然还没有哪个女人看上她的丈夫；有的语气较重，是一种祈使甚至命令的口吻，如例（24）、（25），例（24）提出假设时事实已经形成，翁海玲的确是因为见不到想念的儿子而拿丈夫撒气，这里丈夫用一种命令的口气，显示出对她的极端不满。例（25）同例（24）相比，由于提出假设时事实并未形成，语气较轻，是一种祈使的语气。

二　结　语

下面我们从前面提到的两个方面对假设复句的交际功能进行总结：其一，说话者提出假设时事实是否形成，主要是前句；其二，事实同说话者的预期是否一致，主要是后句。我们观察事实的形成与否对语气轻重的影响，见下表：

	事实有无形成 （+、-）	事实同期望是否一致 （+、-）	语气轻重 （+、-）
悔怨式	+	-	-
反驳式	+	-	+

续表

	事实有无形成 （+、-）	事实同期望是否一致 （+、-）	语气轻重 （+、-）
预测式	-	正面预测 正话反说（表试探）	+ -
推论式	-	+	
反问式	-（语气较轻类） +（语气较重类）	- +	- +
祈告式	-（告诉、通知类） +（祈使、命令类）	- +	- +

　　从上表可以看出，假设复句的交际功能大致可以分为三种情况：第一种是提出假设时事实已经形成，但形成的事实同自己期望的结果必定不一致，如悔怨式、反驳式。第二种是事实并未形成，说话者或者预测将来的结果，或者推理出一个结论，语气有轻有重，如预测式、推论式。第三种是事实的形成、未形成都存在，但事实的形成与否对语气的影响较大，一般事实未形成的，语气较轻；事实形成的，语气较重，如反问式、祈告式。

第三章 词汇研究

第一节 现代汉语多义词词义衍生的三个层面
——从观察角度看多义词意义的形成

一 多义词衍生的三个层面

就多义词的多面义和微型义而言，多面义的产生主要依赖于人们观察角度的不同，常见的观察角度有：

（1）部分—整体

（2）类别

（3）功能

（4）生命史

比如"短"：① 指两端的距离小；② 指缺少，欠。

显然，义项（1）的观察采用的是"整体—部分"的观察角度；（2）的观察采用的是"功能"观察角度。观察角度的不同决定了词可以从不同层面、不同角度看待同一问题或同一现象，从而构成了词的多义性。这种多义性由于是围绕着同一主体进行的观察，所以各个意义之间是有联系的。一个词的观察主体只有一个，观察角度则往往有多个。再看"学习"一词。

学习：① 学习；② 模仿；③ 学问；④ 学校。

义项①是功能的观察，②是相似性联想，③则是对行为结果的观察，④是活动场所的观察。

通过以上（还可以举更多的例子）可以看出，表动作行为的动词和表人或事物的名词，以及表事物性质的形容词观察的角度是不同的。名词如果是表物的，观察角度注重事物的形状（整体—部分）、颜色（如黑色、红色等）、属性（软、硬）、类别、用途等；如果是表人的，则更注重人的身份、年龄、职业等。看下面两个例子。

（1）这是一种碳素墨水，写出来的字蛮黑的。（墨水有多种颜色，碳素指明了颜色。）

（2）碳素墨水写出了红艳艳的字迹。（有语病，碳素墨水隐含了黑颜色的特性。）

当然，竹子有了青颜色的观察，所以有竹青色之说；血是红色的，所以有血红、血色之说；雪是白色的，所以有雪白、雪色之说；说女子艳若桃花，绝非指女子黑黝黝的脸蛋。由此可见，颜色是观察事物的一个重要的观察角度，不少事物都有固定的颜色，这种颜色和人的认知经验结合起来，就会定型，成为语言中一种特定的指称颜色词。如竹青、雪白、粉红、豆绿、草绿、金黄等。

对于一个名词而言，由于其多反映的是一种事物，因此事物的形状（整体）、用途、颜色等是其基本观察点，这些构成事物的基本观察框，是众多义项的内层。其外层则是由隐喻而形成的外围语义圈，即隐喻意义圈。如"板"有以下义项：

（1）片状较硬的物体。（片状指明形状，较硬指明属性）

（2）专门店铺上的门板。（类别、用途）

（3）黑板。（类别、颜色）

（4）演奏民族音乐或戏曲时用来打拍子的乐器。如檀板。（类别）

（5）音乐和戏曲的节拍，如快板。（隐喻）

（6）呆板。他们都那样活泼，显得我太板了。（隐喻）

（7）硬得像板子似的。地板了，锄不下去。（隐喻）

（8）表情严肃。他板着脸，不睬人。（隐喻）

其衍生关系可以用下图表示：

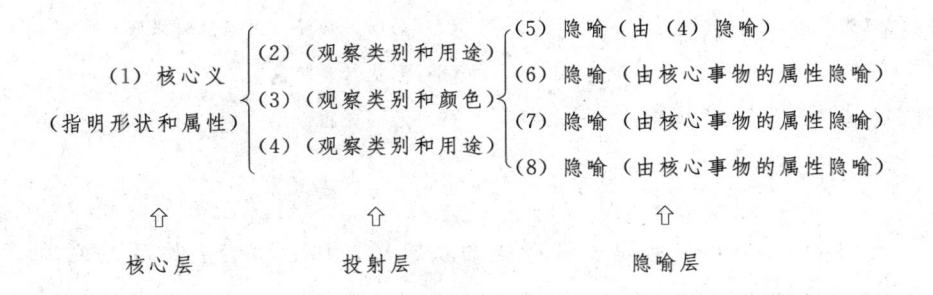

$$
\underset{\text{(指明形状和属性)}}{(1)\ \text{核心义}}
\begin{cases}
(2)（观察类别和用途）\\
(3)（观察类别和颜色）\\
(4)（观察类别和用途）
\end{cases}
\begin{cases}
(5)\ 隐喻（由（4）隐喻）\\
(6)\ 隐喻（由核心事物的属性隐喻）\\
(7)\ 隐喻（由核心事物的属性隐喻）\\
(8)\ 隐喻（由核心事物的属性隐喻）
\end{cases}
$$

⇧　　　　　　　⇧　　　　　　　⇧

核心层　　　　投射层　　　　隐喻层

作为核心事物"板"的形状虽然没有形成隐喻义项，但实际运用中还是利用到了的。

如，板砖、板面、板瓦等都是通过形状观察角度进而构成构词的语素。

再如"火"，有以下义项：

（1）物体燃烧时所发出的光和焰，如火光，点火。

（2）指枪炮弹药，如火器，火力。

（3）火气。如上火，败火。

（4）形容红色。如火鸡，火腿。

(5) 比喻紧急。如火速，火急。

(6) 比喻暴躁和愤怒。如火性，冒火。

(7) 兴旺、兴隆。如买卖很火。

(8) 同伙。

(9) 姓。

其义项衍生关系如下：

(1) 核心义 ｛(2) 指枪炮弹药（用途）
(光和焰) (4) 形容红色（颜色）｝

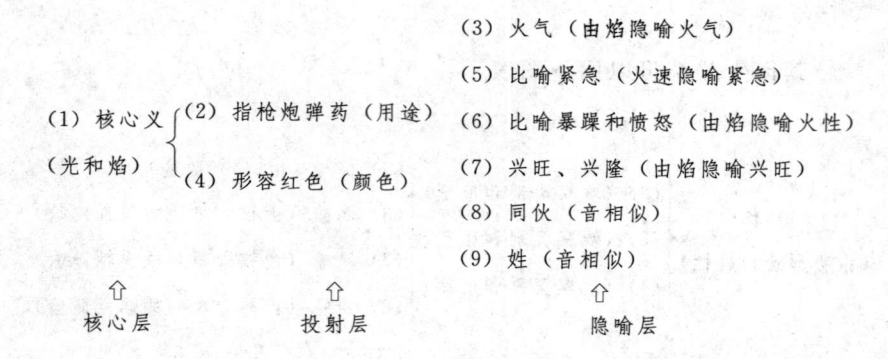

(3) 火气（由焰隐喻火气）
(5) 比喻紧急（火速隐喻紧急）
(6) 比喻暴躁和愤怒（由焰隐喻火性）
(7) 兴旺、兴隆（由焰隐喻兴旺）
(8) 同伙（音相似）
(9) 姓（音相似）

⇧ 核心层　　⇧ 投射层　　⇧ 隐喻层

（8）和（9）则是由音造成的联想义，和上面衍生关系无关。但都是基于相似点产生的联想。

动作行为的观察角度主要是与动作行为有关的事物，如动作或行为发生的时间、场所、施动者、受动者、工具、结果等，所以动词的观察角度应该是和动作有关的事物或状况。如动词"学习"：①学习；②模仿；③学问；④学校。

其义项衍生关系如下：

①核心义（学习）｛③学问（结果）
④学校（场所观察）｝②模仿（相似性联想）

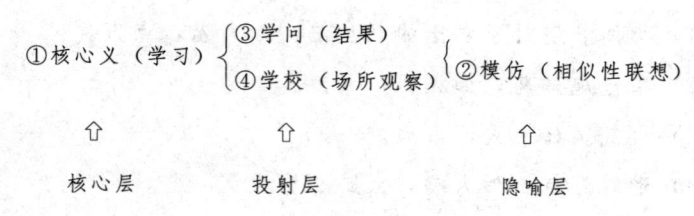

⇧ 核心层　　⇧ 投射层　　⇧ 隐喻层

二 三个层面的认知解释

在人的认知活动中，人类认识自然和世界首先是对于具体物质世界的认识，这种认识立足于从客观世界中寻找对应的存在事物，然后建立起对事物的初步认识。对事物的初步认识其实也分两个层面，作为观察核心的事物当然是最重要的，没有这个事物的存在，一切的观察活动都无从做起。所以，第一个层面必须是对客观事物本体的认识，这就形成了一般的概念，也就有了对该类事物一般性的认识。由于语言中的词是反映客观事物的，所以概念和词是对应的，词是反映概念的，词和概念之间有一定的对应关系。第二个层面是基于核心义而形成的投射义，因为作为核心义不是孤立存在的，核心义是有所依附的，这种依附关系使得词义完成了基本的投射关系。所以核心义就像一个镜头中的焦点，周围的各种环境因素和焦点一起勾勒出一幅风景画，没有周围的背景，焦点也可以存在，但就显得突兀。作为投射义，我们可以认为它的存在是核心义获得丰富的必然产物，没有投射义则词义不丰富，不发展，语言也会单调而缺乏活力。

应该如何认识投射层呢？我们认为，投射层其实就是核心事物融入环境的现象在词义中的体现，一个事物的存在不是孤立的，它依赖于周围的环境，在和环境的互动中，它和环境的关系就会定格下来，融为一体。换句话说，核心义在其表象上会向周围的环境投射，从而形成投射义。何谓核心义的环境呢？其实，核心义的环境也就是和核心义密切相关的诸类事物，比如作为一个名词而言，这个名词所反映的人会有职业、年龄、身份等表象，作为物而言就会有颜色、质料、性质等表象；动词会和动作、行为发生的时间、处所、施事、受事等有联系，这些都是核心义赖以存在的环境，这种环境和核心义关系最密切，当然也就成为我们观察该事物时的观察点,因此,核心义也最容易在它们身上完成投射。核心义的投射从心理上而言,则是从一个空间向另一个空间的投射,核心义是认识事物最基本的心理空间,这个空间也是一个现实的空间,空间中的映像是对事物最基础最概括的认识,也是比较现实和本质的认识。作为投射空间,投射义相较核心义,其意义相对偏离,但这种偏离是有限的,因为投射义和核心义所反映的事物之间离得很近,所以这种空间转移显得很自然,从核心义到投射义并不需要太多的背景解释,人们可以一目了然地看到两者之间的联系。应该说从本体空间到投射空间,词义的衍生完成第一次蜕变,这个蜕变过程自然且无须过多的背景解释的参与,这也是词的投射义易于理解的原因。

相似性是语义联想的基础,语言中的词义的扩展多是通过相似性联想完成的,认知语言学把这种相似性联想称为隐喻。隐喻层形成的特点和投射层不一样,投射层词义的衍生多为和核心义相关的事物,这些事物是核心义得以完整表达的辅助条件。隐喻层产生的意义,相对于投射层而言,和核心义的距离较远,它是依赖相似性和核心义建立联系,所以从根本上说,隐喻义不是通过对核心事物观察所得,而是由核心事物联想而得,如果我们把观察而得的投射义比作核心事物的近邻的话,那么隐喻义就是核心事物的远亲。投射义其实就是核心事物相关的环境义,这个环境义是基于不同的观察角度而体现的,因而它和核心事物的观察角度有关。隐喻义则是核心事物的联想义,这种联想是基于相似点的联想,所以不太受具体事物的限制,显得比较抽象。隐喻义对于多义词词义的衍生非常重要,也是词义丰富的有效手段。关于三个层面之间的关系,我们表示如下:

核心空间⟶投射空间⟶隐喻空间
层　　　　　层　　　　　层

在这个过程中，相关性逐渐减少，抽象性逐渐增强。这反映了认识的逐步深化，其实就是联系性由简单到复杂的过程。事物之间的联系，人们最初的认识可能只是和它临近的事物和条件，随着对事物属性认识的深化，以核心事物为家族之外的事物基于相似点也会和事物建立联系，这种联系是建立在联想上的，当这种联系被反复地使用进而得到强化后，就会在使用层面上产生某种映射关系，从而形成核心义为家族以外的隐喻义。隐喻义是剥离在核心事物家族之外的事物的联系，这种联系是非临近的，靠的完全是基于相似性的联想。所以从本质上看，隐喻义是圈外的意义，由于不遵守临近原则，其抽象性更强，又由于其离核心太远，所以这种意义的产生使得词义衍生变得更具普遍性和灵活性。

三 格式塔认知心理对词义衍生的影响

格式塔（Gestalt）是心理学中的一个术语，最初是视觉研究中出现的一个术语，后来产生了格式塔心理学。格式塔心理学的代表人物有韦特默、考夫卡、苛勒等，其中考夫卡的影响比较大。

1. 心物场关系

考夫卡认为，世界是心形的，经验世界和物理世界具有不同感觉体验，他把观察者知觉现实的观念分为心理场和物理场，统称为心物场。心物场包含自我（Ego）和环境（environment）两极。环境又分为地理环境（geographical environment）和行为环境（behavioural environment）。地理环境就是现实的环境，行为环境是意想中的环境。考夫卡认为，行为产生于行为的环境，受环境的调节。考夫卡的心物场理论有助于我们解释词义的衍生。我们认识世界，既有现实的体验，同时也有经验的积累，对于词义而言,核心事物的存在给了我们观察、体验的可能,所以如果以核心事物作为知觉起点的话,其实剩下的就是对事物的观察和体验,通过我们对事物的观察,从而建立起事物完型的概念,其中既包括核心事物,同时也包括核心事物的环境,也就是考夫卡所说的地理环境,这个环境是基于对核心事物的现实观察而得到的,所以它也补充说明核心事物的细节,使核心事物的形象更加丰满。从这个意义上说,地理环境就是核心事物一部分,这是完型心理学的一个重要思想。行为环境则主要靠经验,在词义衍生的过程中,隐喻义的经验性就比较明显。因为隐喻是建立在经验的基础上的,而相似性正是人类认知经验的一部分,所以人根据自己的经验建立起相似性的联想,这是人的主动性行为,也是人意想中的行为,所以这种行为带有一定的主观性,和较为客观的投射义相比,隐喻义显得发散而没有规律,因为它是人的主观臆想行为产生的结果。

2. 图形与背景理论

图形和背景理论可以解释核心事物和投射场之间的关系。图形—背景论是约一个世纪前由丹麦心理学家鲁宾首先提出来的,后由完型心理学家借鉴来研究知觉及描写空间组织的方式。当我们观看周围环境中的某个物体时,通常会把这个物体作为知觉上凸显的图形,把环境作为背景,这就是凸显原则。完型心理学家对视觉和听觉输入是如何根据凸显原则来组织的这一问题很感兴趣。他们认为,知觉场总是被分成图形和背景两部分。图形这部分知觉场具有高度的结构,是人们所注意的那一部分,而背景则是与图形相对的、细节模糊的、未分化的部分。人们观看某一客体时,总是在未分化的背景中看到图形。图形和背景的感知是人类体验的直接结果,这是因为在日常生活中人们总是会用一个物体或概念作为认知参照点去说明或解释另一个物体或概念,这里的背景就是图形的认知参照点。在词义衍生的解释中，核心层可以认为是图形背景理论中的图形，投射层则可以认为是图形背景理论中的背景。在背景中图形得以凸显。相较于投射义，核心义更容易成为焦点，没有核心义也就没有投射义，核心义往往只有一个，而投射义则比较多，并且都是在核心义的基础上形成的。在词义的序列中，我们通过认识核心义进而理解投射义，通过核心义和投射义之间的关系理解它们之间的投射关系。至于隐喻义，则可以认为它是更远离核心的背景，是核心的远景。如果我们把投射义作为背景的话，隐喻义则只能看作背景的背景，是远背景。

四 结 论

多义词词义的衍生是一个渐进的过程，它和人们的认识密切相关，既是人类认识的逐步深化的过程，也是人类经验逐步构建的过程，在认识过程中，人类的经验会越来越丰富，积累的东西会越来越多，所以词义的衍生也会越来越丰富。词义的衍生遵循着由近及远、由简单到复杂的过程，先是和核心义环境相关的投射义，最后到和核心义没有关系仅有相似性的隐喻义，从而丰富了词义的内容。我们认识词义的时候，要学会分析词义之间的衍生关系，循序渐进，由近及远，厘清它们之间衍生的过程，这对于理解词义极其重要。

第二节 谈"给力"

"给力"这个词出现在网络上，源于日本搞笑动漫《西游记：路程的终点》中文配音版中悟空的一句话："这是天竺吗？不给力呀老湿。"2010年南非世界杯期间，给力网出现次数最多的一个词就是"给力",在广大网友的推动之下,这个词以前所未有的速度活跃于网络之上,"给力"这个词的使用量节节攀高,本人把"给力"一词输入到百度搜索,共搜到 44500000 个网页,可见"给力"一词如今多么走红。网络是一个虚拟的空间,它缩短了人与人之间的距离,由于资源是共享的,所以当一个新词出现后能以空前的速度传播,这也是在网络上能够一夜蹿红的原因。

总结一下,"给力"一词主要有以下义项。
1. 作为形容词,表示"牛""很带劲""酷"等义;
2. 动词,表示给予力量或加油的意思。

其实,"给力"并不是一个新词,它只是北方话的一个土语,表示"带劲"或"给劲"的意思,在北方不少方言中都有这样一个词,如甘肃庆阳方言里,"不给力"就是"不带劲"的意思。所以从这里也可以看到网络新词产生的途径,首先是某一方言区有这样一个词语,这个词语因为出现在一个容易被大众认识的场所,也就是搭建了一个"展销"的平台,这个平台可能是一个引起轰动的事件,或者是某个公众人物一句话,这样在各方的力挺下,这个词有了走红的趋势,但决定这个词能否走红的根本还在于和这个词相关的事件能否持续不断地受到关注,这当中,媒体的推动作用至关重要。就拿"给力"来说,2010 年 11 月 10 日,"给力"上了《人民日报》的头版头条,题目是"江苏给力'文化强省'",针对读者对"给力"一词用法的质疑,《人民日报》总编室专门撰文说:"给力当动词用没错。"在《人民日报》之后,各大媒体纷纷使用这个词,笔者摘录一些,以飨读者:

央行给力　货币政策名义宽松实转紧缩(《重庆晨报》2010 年 11 月 12 日)

CPI 创 25 月新高 食品给力 74％（《沈阳晚报》2010 年 11 月 12 日）

抗通胀工资是否能"给力"？（《成都商报》2010 年 11 月 12 日）

中石油"给力"五大措施力保甘肃油品供应（《西部商报》2010 年 11 月 12 日）

7 万个亿了！财政应"给力"民生（《燕赵都市报》2010 年 11 月 12 日）

新能源公交"不给力"故障频发 引乘客不满（《生活新报》2010 年 11 月 12 日）

高房价给力光棍节（《东方早报》2010 年 11 月 12 日）

根除"霸王条款"，监管需"给力"（《济南时报》2010 年 11 月 12 日）

为青年法官成长"给力"（《江苏法制报》2010 年 11 月 12 日）

江苏公推公选给力"阳光权力"（《南京晨报》2010 年 11 月 12 日）

我们再看一看网络上，网友纷纷使用这个词，特别是南非世界杯期间，球迷的留言往往使用"给力"一词：

世界杯：法国真不给力。
我勒个去，这是什么！太给力了吧！世界杯 32 强美女彩绘？
这冒险岛私服变态届世界杯很不给力啊。

再看篮球：

NBA 最不给力的老板是谁？

奥兰多媒体日，霍华德表情给力。

为什么火箭不冒险引进迈克尔·比斯利呢？从比斯利本赛季的表现来看，他在迈阿密热火之所以不给力，教练是主要原因。

给力，给力，给力！昔日追风少年，今朝定海神针！！！同意的兄弟亮我吧～

甚至网友自造了"不给力"的英文写法——"ungeilivable"。

为什么"给力"这样的词能走红呢？显然一个新词走红网络，必定有自己的特色，也就是说这个词很具有活力，活力其实就是它的表现力，网络新词的走红往往和这个词比较新颖的意义或用法有关。就"给力"而言，从语法上看，它更像一种使动用法，这种用法是古汉语中常用的，在现代汉语中，已经很少使用，所以显得新奇。从意义上看，"给力"也是一种新颖的意义，生活中，人们或许会处在诸如"太酷了！太棒了！"这样的激情中，特别是在看球赛的时候，然而传统的表达"太酷了！太棒了！"其实已经不符合年轻人的口味，这样和这些意义相当的"给力"一词一经使用，就会激发起大家的兴趣，因为和"太酷了！太棒了！"相比，"给力"这个词更新颖，更富有活力，这也难怪"给力"一词是从看球赛时使用，一直扩展到其他领域。

那么，一个新词的流行会不会必然导致这个新词进入普通话词汇的行列呢？当然，能不能进入主要还是要看这个新词能不能被广泛地认可，同时还要看普通话中有没有一个和它词义相同的词，再次还要看这个词的表达力有多强，满足了这三个条件，才有可能进入普通话词汇范畴，像东北方言的"忽悠"就满足这三个条件，所以"忽悠"今天已经是普通话词汇中的一员了。

第三节 "草根"为什么没有反义词

"草根"这个词,本来指草的根部,如《齐民要术》:"犁,利也,利则发土绝草根。"杜甫《促织》:"草根吟不稳,床下夜相亲。"可见"草根"的本义就是草的根部。"草根"在现代汉语中的意思除了指草的根部外,还引申为低层次的或民间的、民营的,如通讯:小小银球传友谊——首届"草根版"中日友好乒乓球赛侧记(新华社2004年新闻稿)。民营企业被称为草根经济,"有专家认为,民营企业家过劳死也揭示了家族式管理弊端。以草根经济为特色成长起来的中国民营企业,固然离不开一个强有力的创业"(新华社2004年新闻稿)。"草根"一词在今天的网络中红极一时,这不能不说应该归功于今天互联网的高速发展,但是令人感到疑惑的是,"草根"作为一个很形象化的词,却没有和它相对应的反义词,就像有了"富二代",就有"穷二代"和它对应,有了"超女"就有"快男"一样,"草根"似乎也应该有一个对应的反义词,这是词义发展的类推作用。当然,作为反义词而言,在使用的过程中会出现不平行不对称的现象,比如"长"和"短",在提问题时,我们往往会问:"有多长?"很少有人问:"有多短?"我们还会说"三米长",不会说"三米短"。这是反义词在使用中,基于人们心理需求会出现轻和重的问题,但这并不影响一对反义词的共现共存。"草根"这个词的产生是由于经济高速发展的今天,贫富差距逐渐拉大,处于底层的人权利得不到保障,就像草根一样,随时可以铲除,随时可以拔掉。但我们也看到,在产生"草根"阶层的同时同样也滋生了一群权贵阶层,他们有钱又有权,但令人遗憾的是,除了称他们为权贵外,没有一个和"草根"相对应的词称呼他们,当然这种词义的不对称性是语言发展过程中的一种现象,当一个新词产生后,人们要对它有一个适应期,在这个适应期中,由于人们大量地使用,使得它作为一个新词的地位更加牢固,最终成为词汇中的一员,但和它相对应的反义词的出现则显得滞后,甚至会出现独行现象,即没有反义词,表示反义只有通过短语表达。那么,"草根"一词是会产生一个对应的反义词还是会成为独行者呢?这主要取决于人们对它的反义词所表示对象的关注程度,关注度高就极易产生一个新词,反之则可能出现独行现象。今天的社会,人们普遍感到生活的压力,大多数的人疲于奔命但收入不高,整个国家国富民穷的状况使得更多的人感到自己的渺小,加之权利得不到保障,所以人们出于对自己处境的担忧和感慨,从而产生"草根"一词。所以新词的产生一定会和当时的社会现象和社会形势有关,因此对于权贵阶层的关注度就成了草根能不能产生反义词的一个关键因素。当然,一个新词产生后,和它对应的反义词的出现相对滞后,就像当初"超女"出现一段时间后才产生"快男"。新词往往词义上比较模糊,反义词的出现可以对新词的含义予以明确化,所以"快男"的含义恰好解释了当时概念还不是很清楚的"超女"的含义。新词的产生是社会催生的,社会的发展变化永远都是新词产生的源泉,在社会发展过程中,某些现象易成为关注的焦点,而这个焦点所对应的现实现象也更易概括为新词。新词的产生与否还和这个新词在词汇系统中有没有一个对应的含义相同的词有关,如果词汇系统中有了这样一个词义相同的词,则再产生新词的可能性就变得很小了。比如"忽悠"一词之所以进入普通话的词汇系统,除了这个词被广泛使用和广泛接受外,还因为普通话词汇中没有一个和它含义相同的词,词义系统这种排他性也是保证其经济有效的自治机制,所以"草根"这个词能不能有对应的反义词,主要看四点:

1. 关注度，即对这个词的关注度及其反义词反映对象的关注度；

2. 词汇系统中有没有一个和其反义词含义相同的词；

3. 人们的使用情况；

4. 即使词汇系统中有这样一个含义相同的词，词汇系统会不会调节一下，换作其他用途。

对于第 1 个问题，人们对"草根"一词的关注度并不低，就其反义词反映的对象而言，权贵阶层一直是关注的焦点，特别是在当今的形势下，人们对平等和公平的要求更高，这使得靠不公平竞争胜出的权贵阶层更易成为关注的焦点。从第 2 个问题来看，由于词汇系统中已经有了"权贵"这个词，使得产生"草根"反义词的机会会大大减少。从第 3 个问题来看，由于和"草根"对应的反义词并没有出现，所以根本谈不上使用。从第 4 个问题来看，词汇中的这种调节作用在历史上是出现过的，但这种调节作用绝不是短时间内就可以完成的，首先要先产生这样一个反义词，与先前词汇系统中那个含义相同的词并存，然后词汇系统再作出调整，是淘汰掉一个，还是分别赋予它们不同的用途。现在能不能产生这样一个新词有两种可能，一种是人们对"草根"现象和其反义现象持续关注，一直成为焦点，在强大的使用需求压力下，词汇系统会妥协，从而产生一个新词；还有一种可能是，由于词汇中已经有了和"草根"意义相反的词，加之人们对草根现象及其对立现象观察一路走低，那么产生新词的可能性就不大了。应该看到，网络新词更新的速度比较快，在一个时期比较流行的网络新词，随着人们对它的关注度的降低，很快就会成为"网络旧词"，网络新词不断更新也就意味着网络旧词的不断淘汰，从这个意义上看，"草根"一词已经失去了它产生反义词的最佳时期，所以今后如果没有特殊的情况，随着人们对"草根"

一词关注度的降低，其产生反义词的可能性也就不复存在了。

第四节 "涨"出来的语言现象

如今，物价飞速上涨，据国家统计局的数字，我国 CPI 的指数已经超过了 4.4%；另据复旦大学一位教授的统计，截至 2010 年 11 月份，CPI 的指数已高达 10%。先不管谁的数据准确，总之在一片涨声中，我们看到的是普通百姓的节衣缩食，但人们的抱怨声却从未停止，这就形成了一种特殊的语言现象，催生了一系列网络新词。最初绿豆涨价，人们称为"逗你玩"，随后大蒜涨价，于是出现了"算你狠"，随着物价的全面上涨，像"苹什么、油它去、姜你军、糖高宗、辣翻天、玉米疯、粮要嫁、楼涨涨、棉里刀、汽死你"等纷纷出现，人们不得不佩服中国网民的创造能力，虽然这里面有更多的无奈，但在涨价的生活压力下，自嘲一下又何尝不可呢？有人说，农产品价格的上涨催生了网络新词，诚然，词汇反映的是社会现实，每个时期都有特定的词汇，在今天，当人们深切感受到物价上涨带来的压力时，就出现了反映这个现实的网络新词。看看这些网络新词，大多采用谐音的方式表达一种不满的情绪，可谓一语双关。汉语中有大量同音异义词（或语素）使这种表达成为可能。汉语中谐音现象不仅能够表达深层的意思，同时也是一种幽默的表达，像"蒜你狠、逗你玩"实在是用一种幽默的方式表达自己不满的情绪，表面上幽一默，实际上是无奈和辛酸。在汉语富有表达力的手段中，谐音无疑是重要的一种，由于谐音造成的幽默感，所以无论是中国传统的相声，还是新生的小品，大多用这种手段营造幽默气氛，达到幽默效果。汉语的同音异义字、词很多，由于语言的经济性，一个音节往往要表达多个意义，意义之间没有联系就成了同音词了,这是汉语的一大特色,很多富有表达力的语言现象,比如歇后语、谚语等都大量使用谐音的表达手段,通过谐音传达出一表一里的两层含义,二者相得益彰,令人印象深刻。

其实说谐音是一种富有表达力的现象并不为过,你看一看网络中的新词,有多少用了谐音,从早期的"大虾(大侠)、斑竹(版主)"到后来的"酱紫(这样子)、裤(酷)、奔四(笨死)、果酱(过奖)、筒子(同志)、杯具(悲剧)"等,从中我们可以看到谐音的功劳。不可否认的是,以后网络新词的产生必定还会用到谐音现象,所以我们何尝不能这样认为:谐音现象是汉语中一种富有特色和活力的表达手段,由于其表达上能够利用表里两层意思的落差造成心理上的脱离常规感,从而产生幽默诙谐的表达效果,就像传统相声中关公战秦琼,二者风马牛不相及,却走到了一起,这种脱离常规的新鲜感正是造成幽默新奇效果的原因所在。网络词语创造者求新求奇的心理需求在利用谐音时得到了激发,使谐音的落差感和造词的求新求奇完美地结合起来,这也是网络新词创造者喜欢用谐音方式造词的原因。

网络语言的优势在于,它是一种开放性的表达,开放性的表达来自开放性的思维,在网络空间里,旧词赋予新义,词语出现新的语法组合,都能产生生动的表达。笔者摘录一段手机聊天中的对话,从中也可以看出端倪。

妻:你知道老三和小三的区别吗?我代表全家瞪死你!你在哪?

夫:我已经站在上海的阳光里。

妻:要说你也有才华,姑且称为文艺狼、大文嚎吧。

夫:小三童鞋(同学)……

这一段话，表达幽默生动，仔细观察会发现生动的语言表达后面，其实仍然是不变的方法，比如"瞪死你""站在上海的阳光里"是以具体代抽象的一种表达，"瞪死你"代替"鄙视你"，用"鄙视"的动作代替"鄙视"，语言岂不更生动、幽默？"站在上海的阳光里"代替"来到上海"尤为具体，至于后两句，仍然靠谐音表达幽默。以具体代抽象也好，用谐音也好，它们都展示的是表达的非常规性，非常规才能出新，出新才能成奇。新才有活力，奇才能造出幽默氛围，而幽默又何尝不是讽刺的另类表达呢？所以，我们看到的是"蒜你狠"等新词幽默讽刺的表达效果。

同时也应该看到，所谓新词并不是形式有多新，大多是套用俗语旧词，如"蒜你狠"，套用俗语"算你狠"，"糖高宗"套用历史词"唐高宗"，"粮要嫁"套用"娘要嫁人"的俗语。虽是套用，却非常形象，因为每一个套用的俗语旧词都有势不可当之势，这与当前物价上涨不可阻挡暗合，所谓旧瓶装新酒，虽然形式老套，但含义深远，这也是谐音等表达效果非凡的一种表现。在一些名言警句中，我们往往也能看到谐音现象。

总之，语言中的词汇是反映现实现象的，在反映现实现象的时候，语言总是选择富有表达力的手段，这是语言内部的自然选择，正是这富有表达力的手段，使得语言中的词汇千姿百态，栩栩如生。

第四章　其他研究

第一节　现代汉语教学的理论框架

理论来源于实践，并对实践有指导作用，建立起现代汉语的理论框架。在这个框架之下讲解现代汉语理论知识，有利于培养学生对现代汉语理论的整体认识，使学生更易于在理论知识的指导下联系实际，做到有的放矢。如何构建理论框架？下面提出一些自己的想法。

一　从整体上构建理论框架

现代汉语尽管分了几个部分，但总的看来，还是一个整体，各部分之间存在密切的联系，学习现代汉语，必须建立整体的语言观，要从整体上观察现代汉语的各个组成部分，这样才能抓住问题的实质，发现其中的规律。不仅现代汉语的各个部分联系紧密，就是某一个问题，我们也要用联系的眼光去看待。如果我们不拘泥于某一个领域，而是站在一个较高的高度去看问题，得出的结论会更客观，更符合语言的事实；反之，如果就事论事，只局限于某一领域，往往会陷入重重迷雾中不能自拔，当然无益于问题的解决。就语言的发展而言，也常常是由某一部分引起，而后波及到别的领域。所以，从整体上观察语言现象非常重要，建立整体的语言观,我们认为应该从以下几个方面考虑。

1. 语音、词汇、语法三位一体的整体认识

语音、词汇、语法是构成现代汉语语言系统的三大组成部分,它们各自又构成系统。语音是语言的声音形式,语音和意义相结合,构成了语言的词汇系统,词与词按照语法规则组合起来并加上特定的句调就构成句子,语言就是靠句子进行交际表情达意传递信息的。语音作为语言的外在形式,它的重要性不言而喻,没有作为语言形式的语音,词语的意义也就无所依附。语法是词语组合起来的规则,单有词语不能进行交际,词语只有组合成句子才具有交流的资格,才成为交际的单位。可见,现代汉语的三大组成部分是统一的整体,不能把它们分割开来。

2. 用发展的眼光看待现代汉语

任何语言都是处在不断发展的过程中的,社会的发展是语言发展的主要动力。社会的发展,新事物、新现象不断涌现,会使语言不断调整词汇系统,改进语法规则以适应新的表达要求。现代汉语也是如此,现代汉语是承接古代汉语、近代汉语而来,对于现代汉语中的一些现象,我们必须用发展的眼光去看待,去理解,了解汉语发展的历史,通今还要知古。比如说词义的演变、词的比喻义的产生、词义的泛化等都必须用发展的眼光去观察和理解,了解词义演变过程,不能随便地就得出结论。另外,新的语法现象能不能得到承认,异读词读音的规范,汉字的规范,汉字的发展方向等问题也都需要语言理论的支持及广泛的调查研究,如果不做深入的调查,如果没有理论的指导,很可能就制定不出符合语言发展规律的语言方针和政策,很可能制定的语言政策不符合语言的实际。历史上曾经有这样的例子。

3. 以联系的眼光看待汉语现象

语言是一个可以运作的庞大体系,语言的内部各种因素处在

一种对立统一的关系之中，相互间呈现一种平衡状态。如果其中某一重要因素满足新的表达要求而发生变化，原有的平衡就会被打破，系统内的其他有关部分就会重新调整相互间的关系从而达到新的平衡，汉语也是如此。比如古代汉语的语音系统比较复杂，词与词之间的区别作用很明显，所以，古代汉语以单音节词为主。到了今天，语音系统大大简化，词与词之间语音的区别作用大大减弱，很多古汉语中能够互相区别的词（或语素），在现代汉语中已不能够相互区别，产生了很多同音词。同音词太多不利于言语交际，所以，现代汉语做出调整，用双音节词代替单音节词，强化词与词之间的语音区别，这是语音系统的变化引起了词汇系统的变化。双音节词的增多会引起构成词的两个语素的意义发生轻重主次的变化，有的语素意义虚化变成词缀，产生了派生词，从而引起语法系统的变化。由此可见，汉语的三大系统之间存在密切的联系，一个系统的变化必然会波及其他系统，引起连锁反应。所以，我们必须用联系的眼光看待语言现象。某一种语言现象的产生并不是孤立的，往往可以从其他有关的语言现象中找到原因。

4. 用历史的眼光看待汉语现象

语言是不断发展的，在语言的三大系统中，语音和语法发展得比较缓慢，词汇中的基本词汇发展也比较缓慢，一般词汇发展较快，几乎经常处在变动中，社会的发展变化首先反映在一般词汇上。就发展缓慢的语音、语法、基本词汇而言，它们的稳固性也不相同，相比较来说，基本词汇和语法更稳固一些，二者构成了语言的基础。三大组成部分发展不平衡，这是语言发展的一个特点。这种不平衡还反映在同一语言现象在不同的地域发展不平衡，比如，尖团合流现象，在北方已经完成，南方的情况不尽相同，比较苏州、上海、宁波的方言可以看出：苏州的方言里既有尖音，又有团音；上海的方言里尖音已大为减少，清声母的尖音已变成团音；宁波方言里尖音已基本消失，很少的几个字偶尔有人发尖音。这些情况说明，北方的宁波已完成了尖音并入团音的历史语音变化，再往南的上海是一部分完成，最南边的苏州还保留着尖团两套语音系统。从上海的方言情况看，尖团合流的先后与发音方法有关，清辅音和浊塞擦音先合流，浊擦音后合流。这些情况说明语言发展的不平衡性在不同的地域会有不同程度的反映，如果我们把全国方言的差别做一个系统的比较，几乎可以整理出一部汉语语音发展史。这就告诉我们：各地的方言事实上是不同时期的历史语言在不同地域上遗留下的痕迹。我们只有了解了语言发展的历史，用历史的眼光看待方言，才能从理论上看待方言问题，理顺方言和普通话的关系，更好地学好普通话。

二 各组成部分内部的理论联系

1. 语音部分的理论

学习语音应非常重视发音，发音的理论和实践很重要。没有理论的指导，发音可能会出现错误。理解发音应从发音过程开始，通过发音过程理解发音原理。就现代汉语普通话而言，发音过程经历了三个阶段：肺和气管、喉头和声带、口腔和鼻腔。肺是气流的动力站，气流通过肺部的挤压产生动力，经过支气管到达气管，又到达喉头，在这里气流由于声带的调节作用，分成了两类音：振动声带的有浊辅音和元音，不震动声带的有清辅音。在这里分出了清辅音和浊辅音，二者的主要区别是声带是否振动。气流继续上走，在咽腔里有小舌节制，小舌可以上下活动，小舌上升，堵住了鼻腔的通道，发出口音。小舌下降，堵住了口腔的通道，发鼻音。这里分出了口音和鼻音。气流经过口腔时，舌头的移动可以发不同的元音，因为发元音时气流在口腔是不受阻的，主要靠舌头来改变口腔的形状（共鸣腔）。发辅音时，气流必然受阻，我们可以从两个方面观察：a. 在哪个部位受阻？b. 采取什么方法破除阻碍？这分别形成了对辅音分类的两种方法，即按发音部位和发音方法分类，通过气流在口腔中是否受阻分出了元音和辅音，通过声带是否振动区分清辅音和浊辅音。了解这些发音过程，对于区分不同的概念很有帮助。通过发音过程的学习，可以把语音部分的基本概念、基本原理联系到一块，从理论上概括整个语音部分。另外，音位的组合理论，音节的构成理论等无不体现了组合和聚合的原理。如果这些能弄清楚，则语音部分的理论也就很清楚了。

2. 词汇部分的理论

词汇部分重要的是分清词汇和词义这两个系统。当然，两者是密不可分的，但从理论的角度来看，二者属于不同的系统。词汇部分要注意词汇单位、词的构成、单位之间的区别等。一般来说，我们从单位的概念（定义）、单位的确定、单位之间的划界、单位的分类等几个方面分别加以讨论，保证知识的系统性。对于词义系统，要抓住两个知识点：义项和义素。通过义项理解多义词和同音词，理解词的引申义和比喻义。对于义素，我们可以通过它理解同义词和反义词，探究词义相同或相近、相反或相对的真正原因，揭示词义之间对立统一的客观规律。词义相同是因为它们之间有相同的义素，并且不相同的义素又不矛盾，同义词之间的关系是大同小异，大同是统一，小异是对立，同义词之间是对立统一的关系。反义词是词义相反或相对的一对词，词义相反或相对是因为两个词之间有符号相反的义素，这是它们之间的对立。同时，反义词之间除了这一对符号相反的义素外，其他的义素都相同，二者有一个共同的意义范畴，所以，反义之外还有统一。反义词之间是大异小同，反义词也反映了词义之间的对立统一。只有抓住了两个系统的根本，才能以这个根本为核心，建立起词汇、词义系统的理论框架。

3. 语法部分的理论

语法部分的理论性更强，但只要抓住要领，也能化繁为简，化难为易。首先，语法学习要抓住纲领。语法有词法和句法之分，词法讲词的构造和词类，句法讲短语的结构、句子的结构，短语的功能和类别，句子的功能和类别。就词法而言，词的构造要抓住五种基本结构，由于词的内部构造和短语、句子的内部构造基本一致，所以，讲好这个内容对后边的学习很重要。词的分类是指词的语法分类，依据是词的语法功能。词的语法功能包括词的组合能力和充当句法成分的能力，这一点也很重要，应该讲清楚。短语部分主要讲短语的结构类别和短语的功能类别，结构类别和功能类别不同，结构类别是观察短语的内部，功能类别着眼于短语的外部组合，是内和外的关系，也就是吕叔湘所主张的两种观察方法。句子部分主要讲句子几种不同的分类方法，即结构类、特征类、语气类，根据结构归纳出句子的句型系统，根据特征归纳出句子的句式系统，根据语气归纳出句子的句类系统，三种分类是对句子不同角度的观察，当然会得出不同的结论。至于复句，也是句子的一种，它和单句并列，由于汉语不承认包孕句中的主谓结构是句子，所以，单句里面可以有主谓结构。复句的特点是彼此有逻辑关系的几个分句，有一个完整的句调，共同表达一个完整的意思。正是这个完整的句调，使得复句不是几个句子而是一个句子，当然，复句中的分句很尴尬，它既不是短语也不是句子，而语法单位中一般认为只有四级，并没有分句一说。其次，语法的学习一定要活，不能死板。语法研究的是语法单位之间的关系，关系千差万别，但有两点是基本的，那就是语法单位之间的共同点和不同点，找出语法单位之间的共同点和不同点靠的是概括和分析的能力，因此，培养学生概括和分析问题的能力非常重要。

最后，注意观察语言事实，理论和事实要结合起来，理论对不对，最终看是不是符合语言事实，在语言事实的基础上不断修正理论。

三 某一语言现象的综合考察

某一语言现象的综合考察，是指对某一语言现象，不能就事论事，要多角度地观察和分析，这一现象可能涉及其他方面的问题，如何解决这些问题，就要从多个方面着手，反复论证，把问题分析透彻，这样才能彻底解决问题。比如，三个平面的分析理论，不光要从句法上，而且要从语义及语用上分析语言现象，句法分析是显性分析，分析句子的结构、句子的层次、句法成分之间的关系；语义分析是隐性分析，分析各个词之间的关系，特别是动词和名词的关系；语用分析则是考察语言单位活动的环境，借以说明其对句法、语义的影响。三个平面的分析相辅相成，互相解释，从而实现对某一语言现象的综合考察。当然，我们更应该关心句法中的语义现象，这些语义因素直接影响句法结构的构成、词语之间的组合，以及整个句子的格式（句型、句式、句类）。句法中的语义限制，往往通过句法单位之间的比较，通过观察和分析发现，常见的分析方法是变换分析法，通过句子或短语之间的变换、对比发现问题，从而找出起制约作用的语义条件。分析语言现象，必须综合考察、系统分析，因为语言本身就是一个系统，孤立地看待某一问题，就不可能揭示问题的实质，当然也无助于问题的解决。

第二节 《文心雕龙》的修辞观

《文心雕龙》并没有专门论述修辞,由于文学和修辞的特殊关系,在对文学创作做出指导时,兼及谈到修辞。从修辞理论和方法角度,全面阐述刘勰的修辞观,从而窥视到在修辞学专著《文则》出现之前,修辞的理论与方法兼备论及的事实。

刘勰生活的时代是南朝宋齐梁年间,当时形式主义的文风盛行一时,形式讲究声律,内容趋向浮靡,文风上追求浮华,客观上促进了汉语修辞的发展,但也导致了内容上的空洞无物、无病呻吟。刘勰从文艺学的角度提出了文学的创作论、因革论,以及文学的各种表现手法,客观上也兼及谈论了有关修辞的理论与方法。《文心雕龙》虽然不是修辞专著,但它在修辞学方面的贡献也是很大的。

一 关于修辞理论的论述

1. 关于内容和形式之间关系的论述

刘勰主张形式和内容的统一,在《情采》中说:"情者文之经,辞者理之纬。"即情理是经,文辞是纬;情理是主,文辞是次。主张情采结合,根据思想感情来选择体裁,确定音律,运用辞藻,只有这样才能成为情采并茂的作品。他说:"经正而后纬成,理定而后辞畅。"指出内容决定形式,形式和内容完美结合的重要性。形式和内容的统一,不仅是文学创作的要求,修辞学上更要求选择最恰当、最完美的形式表达思想内容。关于内容和形式的关系,历来文献都有论述。《论语》中有:"质胜文则野,文胜质则史,文质彬彬,然后君子。"《礼记》中有:"情欲信,辞欲巧。"《易经》中有:"其称名也小,其下类也大,其质远,其辞文。"《孟子》中也有："严谨而志愿者，善言也。"《左传·襄公二十五年》更是说："言之无文，行而不远。"可见自古文与质，形式和内容的关系都是很受重视的，这个关系处理不好，就会犯原则上的错误，因此相当重要。刘勰关于形式和内容之间关系的论述，比较客观，也充分体现了他科学的文学批评思想和修辞观。

2. 关于内容和体裁风格关系的论述

在《熔裁》中，他说："规范本体谓之熔，剪裁浮辞谓之裁。"即根据刚柔的根本要求选择体裁，使内容合于规范的叫熔意，删去浮词剩句的叫裁。又说："裁则荒秽不生，熔则纲领昭畅，譬绳墨之审也，斧斤斫削矣。"即经过裁辞，文辞不再拖沓冗长；经过熔意，全篇的纲领得以明白晓畅。好比在树上用墨线来审量曲直，又用斧头砍削一样。刘勰认为要写好文章，先制定三个标准："履端于始，则设情以位体；举正于中，则酌事以取类；归馀于终，则撮辞以举要。"即第一步，根据情理来决定体裁；第二步，根据内容选择事例；第三步，选择文辞显示要义。刘勰认为，篇章好比窗户，是左右配合的，文辞好比河流，水满了就要泛滥。（篇章户牖，左右相瞰。辞如川流，溢则泛滥。）因此，剪裁相当重要。当然，炼意和炼辞中，以炼意为主，做好炼意工作，可以使"纲领昭然"。我们认为，文章的繁简与内容和形式都有关系，内容决定繁简的取材。内容复杂，篇幅巨大，就应当繁；内容简单，篇幅短小，就应该简。不同的形式文体也决定了文章的繁简。

3. 关于声律的论述

刘勰认为："故言语者，文章神明枢机，吐纳律吕，唇吻而已。"言语是构成文章的关键，表情达意的机构，吐词发音要符合音律，在调节唇吻等发音机关罢了。认为"凡声有飞沉，响有双叠""双声隔字而每舛，叠韵杂句而必睽"。声音有飞扬和下沉两种，音响有双声和叠韵两种。两个双声字给别的字隔开，念起来往往不顺口，两个叠韵字隔杂句中两处，念起来一定别扭。又说："沉则响发而断，飞则声飏不还，并辘轳交往，逆鳞相比。"即都用下沉的音，那音调就飞扬不能转折，两者配合起来就会像井上辘轳那样上下圆转，像鳞片那样紧密排列着。这是从修辞的角度讲声音的配合对于表情达意的重要作用，说明发音吐词的重要性。声调有平有仄，平声语调长而平缓，是扬；仄声语调短而曲折多变，是抑。平仄有规律地交替对应，可以构成语言的音律美。当然，声音协调是词语锤炼的基本要求，词语的声音配合得好念起来顺口，听起来就会悦耳，记起来也就容易。

4. 关于分章造句的论述

刘勰认为分章造句主要分为两部分：一是结合内容安排章句，二是结合情韵来安排章句。"启行之辞，逆萌中篇之意；绝笔之言，追媵前句之旨，故能外文绮交、内义脉注，跗萼相衔，首尾一体。"刘勰认为造句布局时，开头的话，已经含有中篇意思的萌芽，结尾的话，呼应前文的意思，这样才能前后连贯，首尾相接。这是讲谋篇布局要精心构思，前后呼应，使首尾相连，融为一体。

刘勰还认为："若夫笔句无常，而字有条数：四字密而不促，六字格而非缓，或变之一三五，盖应机之权节也。"文句的变化虽然没有一定，可是每句字数多少的作用可以分别说明：四字短，音节并不急促；六字长，音节并不迂缓，有的变为三字五字句，大概是适应情势变化的权宜节拍。这是关于长句和短句的表达特色的论述，长句词语多，结构复杂；短句词语少，结构简单。二者在音节特点、表意特色上各不相同，要根据文意表达的需要进行选择。

二 关于修辞格的论述

1. 关于对偶的论述

刘勰在《丽辞》一章中说:"体植必两,辞动有配。"又说,"造化赋形,肢体必两,神理为用,事不孤立。夫心生文辞,运裁百虑,高下向须,自然成对。"创作文辞,运思谋篇要多方考虑,高低上下互相配合,自然成为对偶。刘勰认为,对偶是自然造成的,好比人的手足,天然成对。对偶这一修辞格,其表达效果,从形式上看,能使音节整齐匀称,节律感强;从内容上看,凝练集中,概括力强,因此才受重视。刘勰还给对偶进行分类,认为对偶有四种:"言对为易,事对为难,反对为优,正对为劣。言对者,双比空辞者也;事对者,并举人验者也;反对者,例殊趣合者也;正对者,事异义同者也。"言对是两句并列而不用事例,事对要举两件人事来做验证,反对要求两件事理相反旨趣相合,正对是事件不同意义相合。这种分类对于今天仍有积极意义。对偶的正对、反对和这种分类基本一致,流水对和事对又有相似之处。

2. 关于夸张的论述

《夸饰》一章,刘勰首先肯定夸张的必要,由于有些感情不容易描摹,作者要达难易之情,写难状之物,往往运用夸张。对于夸张,刘勰认为是:"辞虽已甚,其义无害也。"夸张是"过甚其词"。举例说:"言峻则嵩高极天,论狭则河不容舠,多则子孙千亿,称少则民靡孑遗。"这些"莫不因夸以成状,沿饰而得奇也"。刘勰还认为:"然饰穷其要,则心声蜂起,夸过其理,则名实两乖。"即夸张要尽量抓住事物要点,这样能激起读者共鸣,夸张要是违反客观事实,那么语言和实际就会脱钩,因此要"使夸而有节,饰而不诬",即夸张要有节制,不虚假。

3. 关于比兴的论述

《比兴》一章讲比喻和起兴这两种修辞手法。刘勰认为"比者，附也。兴者，起也"，"附理者切类以指事，起兴者依微以拟议"。比附事理的，用打比方来说明事物；托物起兴的，依照含意隐微的事物来寄托情意。起情故"兴体以立"，附理故"比例以生"。"比"则蓄愤以斥，"兴"则环譬以讽。触物生情所以用"兴"的手法成立，比附事理所以比喻的手法产生，比喻是怀着愤激的感情来指斥，起兴是用委婉的比喻来寄托用意。作者指出比喻和起兴的不同在于：比喻是比附事理，起兴是托物起兴。比喻意在打比方说事理，起兴意在托物言志。"夫比之为义，取类不常；或喻于声，或方于貌，或拟于心，或譬于事。"可用打比喻的事物并不一定：有的比声音，有的比形貌，有的比心思，有的比事物。作者认为："物虽胡越，合则肝胆。拟容取心，断辞心敢。"意思是比喻两样事物虽然像北方的胡人和南方的越人那样绝不相关，有一点相合却肝胆般相亲。起兴模拟外形，采取含意，措辞一定要果敢。说明比喻强调二者的相似点，起兴则是"先言他物以引起所咏之辞"，兴体和正意不一定有联系。

《文心雕龙》中的修辞格还有引用，包括引事和引言。《事类》一章中说："事类者，盖文章之外，据事以类义，缘古以证今也。"指出引用的分类：一是"虽引古事而莫取旧辞"；二是"历叙事纪传，渐渐综采矣"；三是"取旧辞只是万分之一会也"，其一是暗引，其二是明引；四是明引和暗引的结合。《隐秀》一章提出了含蓄、婉曲、警句等修辞格。作者说："隐也者，文外之重旨者也。秀也者，篇中之独拔者也。隐以复意为工，秀以卓绝为巧。"指出了含蓄以言外之意为重，警句以突出警字见长。作者又说："或有晦涩为深，虽奥非隐，雕刻取巧，虽美非秀。"指出了含蓄、婉曲忌晦涩，警句名言要自然天成的修辞观。

三 关于文体风格的论述

《体性》一章中，刘勰把文辞分为八体四组，每组中彼此相反，即（1）雅正和新奇；（2）深奥与明显；（3）繁丰与简约；（4）壮丽与轻靡。他对其中新奇和轻靡有贬词，称新奇为"危则趋诡"，称轻靡为"浮文弱植"。这样彼此相反的四组中，有两组是不平衡的，即雅正与新奇，壮丽与轻靡，一好一不好。

陈望道先生在《修辞学发凡》里认为体性上的分类，可分为四组八种：

（1）组：由内容和形式的比例，分为简约、繁丰；

（2）组：由气象的刚强和柔和，分为刚健、柔婉；

（3）组：由话里辞藻的多少，分为平淡、绚烂；

（4）组：由检点工夫的多少，分为谨严、疏放。

按陈望道先生的说法：（1）刘勰的四组八体，其中的正与奇，应指内容而言；（2）隐和显，指表现手法；（3）繁和简，指内容和形式；（4）壮和轻，指气象的刚柔。

刘勰认为：语体的风格和特色与作家个性有关，认为："才有庸俊，气有刚柔，学有深浅，习有雅正，并性情所铄，陶然所凝，是以笔区云谲，文苑波诡者也。"认为学童一开始就接触雅正的语体，这样才能端正体裁，从模仿各种风格中锻炼才能，形成正确的个人风格。

总之，刘勰是我国历史上较早提出一整套修辞理论和方法的大家，在他之前，虽然也有关于修辞理论与方法的论述，但大都零散而不系统，且多是星星点点地见于别论之中。刘勰的《文心雕龙》虽然不是专门的修辞论著，但他对有关修辞的论述较为全面系统，这在南宋陈骙《文则》出现之前是不多见的。

参考文献

一 中文文献

白梅丽:《现代汉语中"就"和"才"的语义分析》,《中国语文》1987年第5期。

曹逢甫:《从主题—评论的观点看"把"字句》,《中国语言学报》1987年第1期。

曹逢甫:《主题在汉语中的功能研究——迈向语段分析的第一步》,语文出版社1995年版。

陈刚:《试论"着"的用法及其与英语进行式的比较》,《中国语文》1980年第1期。

陈建民:《现代汉语句型论》,语文出版社1986年版。

崔希亮:《汉语空间方位场景与论元的凸显》,《世界汉语教学》2001年第4期。

陈望道:《修辞学发凡》,上海教育出版社1979年版。

陈爱文:《汉语词类研究和分类试验》,北京大学出版社1986年版。

陈建民:《现代汉语句型论》,语文出版社1986年版。

储泽祥:《现代汉语方所系统研究》,华中师范大学出版社1997年版。

戴浩一、薛凤生:《功能主义和汉语语法》,北京语言学院出版社

1994年版。

戴浩一：《以认知为基础的汉语功能语法刍议》，北京语言学院出版社1994年版。

戴浩一：《时间顺序和汉语的语序》，黄河译，《国外语言学》1988年第1期。

戴浩一：《以认知为基础的汉语功能语法刍议》，叶蜚声译，《国外语言学》1990年第4期、1991年第1期。

戴浩一：《概念结构与非自主性语法：汉语语法概念系统初探》，《当代语言学》2002年第1期。

戴耀晶：《现代汉语时体系统研究》，浙江教育出版社1997年版。

邓守信：《汉语动词的时间结构》，《语言教学与研究》1985年第4期。

方经民：《汉语语法变换研究——理论、原则、方法》，日本白帝社1998年版。

方经民：《论汉语空间方位参照认知过程中的基本策略》，《中国语文》1999年第1期。

方梅：《宾语和动量词的词序问题》，《中国语文》1993年第1期。

范晓：《汉语的句子类型》，书海出版社1998年版。

傅雨贤、周小兵：《现代汉语介词研究》，中山大学出版社1997年版。

傅雨贤：《现代汉语语法学》，广东高等教育出版社1988年版。

高名凯：《汉语语法论》，开明书店1948年版。

高更生、王红旗：《汉语教学语法研究》，语文出版社1996年版。

郭继懋：《也谈量词重叠形式的语法意义》，《汉语学习》1999年第4期。

龚千炎：《汉语的时相时制时态》，商务印书馆1995年版。

龚千炎：《中国语法学史》，语文出版社1997年版。

郭承铭：《认知科学的兴起和语言学的发展》，《国外语言学》1993年第1期。

郭锐：《汉语动词的过程结构》，《中国语文》1993年第6期。

郭志良：《现代汉语转折词语研究》，北京语言文化大学出版社1999年版。

黄国营：《"的"字的句法、语义功能》，《语言研究》1982年第1期。

黄国营：《"吗"字句用法初探》，《语言研究》1986年第2期。

胡裕树：《现代汉语》，上海教育出版社1981年版。

胡裕树、范晓：《动词研究综述》，山西高校联合出版社1996年版。

黄伯荣：《陈述句 疑问句 祈使句 感叹句》，新知识出版社1957年版。

胡明扬：《北京话的语气助词和叹词》，《中国语文》1981年第5期。

胡明扬：《词类问题考察》，北京语言文化大学出版社1996年版。

贺阳：《试论汉语书面语的语气系统》，《中国人民大学学报》1992年第5期。

侯学超：《现代汉语虚词词典》，北京大学出版社1998年版。

金立鑫：《"把"字句的句法、语义、语境特征》，《中国语文》1997年第6期。

金立鑫：《词尾"了"的时体意义及其句法条件》，《世界汉语教学》2002年第1期。

金立鑫：《"了"的时体意义及其句法条件》，《语言教学与研究》2003年第2期。

孔令达：《影响汉语句子自足的语言形式》，《中国语文》1994年第6期。

黎锦熙：《新著国语文法》，湖南教育出版社2007年版。

吕叔湘：《汉语语法分析问题》，商务印书馆1979年版。

吕叔湘：《现代汉语八百词》，商务印书馆1980年版。

吕叔湘：《肯定·否定·疑问》，《中国语文》1985年第4期。

吕叔湘：《语文常谈》，生活·读书·新知三联书店1980年版。

吕叔湘：《汉语语法论文集》，商务印书馆1984年版。

李临定：《现代汉语句型》，商务印书馆1986年版。

李临定：《现代汉语动词》，中国社会科学出版社1990年版。

林裕文：《谈疑问句》，《中国语文》1985年第2期。

林玉山：《汉语语法学史》，湖南教育出版社1983年版。

李宇明、唐志东：《汉族儿童问句系统系的探索》，《语言学通讯》1992年第1、2期。

刘宁生：《汉语怎样表达物体的空间关系》，《中国语文》1994年第3期。

刘宁生：《汉语偏正结构的认知基础及其在语言类型学上的意义》，《中国语文》1995年第2期。

廖秋忠：《现代汉语并列名词性成分的顺序》，《中国语文》1992年第2期。

林书武：《〈隐喻与象似性〉简介》，《国外语言学》1995年第3期。

林书武：《国外隐喻研究综观》，《外语教学与研究》1997年第1期。

卢英顺：《试论"这本书我看了三天了"的延续性问题》，《汉语学习》1993年第4期。

卢植：《认知与语言——认知语言学引论》，上海外语教育出版社2003年版。

陆俭明：《汉语中表示主从关系的连词》，《北京大学学报》1983年第3期。

陆俭明、马真：《现代汉语虚词散论》，北京大学出版社1985年版。

陆俭明：《变换分析在汉语语法研究中的运用》，《湖北大学学报》（哲学社会科学版）1990年第3期。

陆俭明：《语义特征分析在汉语语法研究中的运用》，《汉语学习》1991年第1期。

陆俭明：《汉语句法分析方法的嬗变》，《中国语文》1992年第6期。

陆俭明：《八十年代中国语法研究》，商务印书馆1993年版。

陆俭明：《现代汉语语法研究教程》，北京大学出版社2003年版。

李珊：《现代汉语被字句研究》，北京大学出版社1994年版。

刘月华：《趋向补语通释》，北京语言文化大学出版社1998年版。

李子云：《汉语句法规则》，安徽教育出版社1991年版。

吕冀平：《汉语语法基础》，商务印书馆2000年版。

马建忠：《马氏文通》，商务印书馆1983年版。

马庆株：《时量宾语和动词的类》，《中国语文》1981年第2期。

马庆株：《能愿动词的连用》，《语言研究》1988年第1期。

马庆株：《汉语动词和动词性结构》，北京语言学院出版社1992年版。

马希文：《与动结式动词有关的某些句式》，《中国语文》1987年第6期。

孟琮、郑怀德：《汉语动词用法词典》，商务印书馆1999年版。

缪锦安：《汉语的语义结构和补语形式》，上海外语教育出版社1990年版。

聂仁发：《否定词"不"与"没有"的语义特征及其时间意义》，《汉语学习》2001年第1期。

饶长溶：《汉语层次分析录》，北京语言学院出版社1997年版。

邵敬敏：《句型的分类及其原则》，《杭州大学学报增刊·语言学年刊》1984年邵敬敏：《现代汉语疑问句研究》，华东师范大学出版社 1996 年版。

邵敬敏：《"把"字句及其变换句式》，广西师范大学出版社 2003 年版。

邵敬敏：《汉语语法学史稿》，上海教育出版社 1990 年版。

邵敬敏：《中国理论语言学史》，华东师范大学出版社 1991 年版。

邵敬敏：《句法结构中的语义研究》，北京语言文化大学出版社 1993 年版。

沈家煊：《句法的象似性问题》，《外语教学与研究》1993 年第 1 期。

沈家煊：《"有界"和"无界"》，《中国语文》1995 年第 5 期。

沈家煊：《类型学中的标记模式》，《外语教学与研究》1997 年第 1 期。

沈家煊：《形容词句法功能的标记模式》，《中国语文》1997 年第 4 期。

沈家煊：《转指和转喻》，《当代语言学》1999 年第 1 期。

沈家煊：《"认知语法"的概括性》，《外语教学与研究》2000 年第 1 期。

沈家煊、王冬梅：《"N 的 V"和"参照体—目标"构式》，《世界汉语教学》2000 年第 4 期。

沈开木：《"不"字的否定范围和否定中心的探索》，《中国语文》1984 年第 3 期。

宋玉柱：《处置新解——略谈"把"字句的语法作用》，《天津师范学报》1979 年第 3 期。

宋玉柱：《关于"把"字句的两个问题》，《语文研究》1981 年第 2 期。

宋玉柱：《现代汉语特殊句式》，山西教育出版社 1991 年版。

束定芳：《〈语言能力的结构〉评述》，《当代语言学》2002 年第

1 期。

束定芳:《隐喻学研究》,上海教育出版社 2000 年版。

束定芳:《认知语义学》,上海教育出版社 2008 年版。

束定芳:《语言的认知研究——认知语言学论文精选》,上海外语教育出版社 2004 年版。

石毓智:《肯定和否定的对称与不对称》,台湾学生书局 1992 年版。

石毓智:《语法的认知语义基础》,江西教育出版社 2000 年版。

石毓智:《汉语研究的类型学视野》,江西教育出版社 2004 年版。

王力:《中国现代语法》,商务印书馆 1985 年版。

王还:《"把"字句中"把"的宾语》,《中国语文》1985 年第 1 期。

王珏:《现代汉语名词研究》,华东师范大学出版社 2001 年版。

王国璋、吴淑春:《现代汉语重叠形容词用法例释》,商务印书馆 1996 年版。

吴竞存、侯学超:《现代汉语句法分析》,北京大学出版社 1982 年版。

吴竞存、梁伯枢:《现代汉语句法结构与分析》,语文出版社 1992 年版。

吴为章:《"成为"类复合动词探讨》,《中国语文》1985 年第 4 期。

吴为章:《运用变换理论的先驱——〈中国文法要略〉学习札记之二》,《汉语学习》1994 年第 5 期。

王希杰、华玉明:《论双音节动词的重叠性及其语用制约性》,《中国语文》1991 年第 6 期。

邢福义:《论现代汉语句型系统》,《语法研究与探索》(一),北京大学出版社 1983 年版。

邢福义:《说"NP 了"句式》,《语文研究》1984 年第 4 期。

邢福义:《时间词"刚刚"的多角度考察》,《中国语文》1990 年第 1 期。

邢福义：《汉语语法学》，东北师范大学出版社 1996 年版。

邢福义：《汉语法特点面面观》，北京语言文化大学出版社 1999 年版。

徐杰、张林林：《疑问程度与疑问句式》，《江西师大学报》1985 年第 2 期。

徐烈炯：《Chomsky 的心智主义语言观》，《国外语言学》1993 年第 1 期。

谢信一：《汉语中的时间和意象》，《国外语言学》1991 年第 4 期。

徐通锵：《语言论》，东北师范大学出版社 1998 年版。

徐枢：《宾语和补语》，黑龙江人民出版社 1985 年版。

袁毓林：《现代汉语名词的配价研究》，《中国社会科学》1992 年第 3 期。

袁毓林：《正反问及相关的类型学参项》，《中国语文》1993 年第 2 期。

袁毓林：《一价名词的认知研究》，《中国语文》1994 年第 4 期。

袁毓林：《关于认知语言学的理论思考》，《中国社会科学》1994 年第 1 期。

袁毓林：《词汇范畴的家族相似性》，《中国社会科学》1995 年第 1 期。

袁毓林：《认知科学背景上的语言研究》，《国外语言学》1996 年第 2 期。

袁毓林：《计算机时代的汉语和汉字研究》，清华大学出版社 1996 年版。

袁毓林：《语言的认知研究和计算分析》，北京大学出版社 1998 年版。

袁毓林：《语言认知研究和计算分析》，北京大学出版社 1998 年版。

袁毓林：《汉语动词的配价研究》，江西教育出版社 1998 年版。

叶军：《现代汉语色彩词研究》，内蒙古人民出版社 2001 年版。

［希腊］亚里士多德：《修辞学》，罗念生译，生活·读书·新知三联书店1991年版。

杨成凯：《汉语语法理论研究》，辽宁教育出版社1996年版。

俞如珍、金顺德：《当代西方语法理论》，上海外语教育出版社1994年版。

于思：《句法的逻辑分析》，中国社会科学出版社1993年版。

尹世超：《试论粘着动词》，《中国语文》1991年第6期。

张斌、胡裕树：《汉语语法研究》，商务印书馆1989年版。

张斌：《汉语语法学》，上海教育出版社1998年版。

张学成：《语法修辞方法论》，《杭州师范学院学报》1991年第2期。

张黎：《试论汉语语义句型的划分》，《汉语学习》1995年第5期。

郑怀德、孟庆海：《形容词用法词典》，湖南出版社1991年版。

张敏：《认知语言学与汉语名词研究》，中国社会科学出版社1998年版。

张谊生：《现代汉语副词研究》，学林出版社1994年版。

张谊生：《名词的语义基础及其功能转化与副词修饰名词》，《语言教学与研究》1996年第4期。

张志毅、张庆云：《词汇语义学》，商务印书馆2001年版。

赵元任：《汉语口语语法》，吕叔湘译，商务印书馆1979年版。

朱德熙：《与动词"给"相关的句法问题》，《方言》1979年第2期。

朱德熙：《现代汉语语法研究》，商务印书馆1980年版。

朱德熙：《语法讲义》，商务印书馆1982年版。

朱德熙：《包含动词"给"的复杂句式》，《中国语文》1982年第5期。

朱德熙：《语法答问》，商务印书馆1985年版。

朱德熙：《变换分析中的平行性原则》，《中国语文》1986年第2期。

周国光：《汉语句法结构习得研究》，安徽教育出版社1997年版。

二 外文文献

Albertazzi, L. (ed.), *Meaning and Cognition: A Multidisciplinary Approach*, Amsterdam and Philadelphia: John Benjamins Publishing Company, 2000.

Allwood, J. & Gärdenfors, P. (eds), *Cognitive Semantics: Meaning and Cognition*, Amsterdam: John Benjamins, 1999.

Aristotle, *Metaphysics*, Harmondsworth: penguin, 1998.

Amstrong, S. L., Gleitman, L. R. & Gleitman, H., What some concepts might not be, *Cognition*, 1983, 13: 263-308.

Atlas, L. & Levinson, S., *It-clefts*, informativeness and logical form: radical pragmatics. cole, (ed.), *Radical Pragmatics*, New York: Academic Press, 1981.

Austin, J., *The Meaning of a Word*, Philosophical Papers, Edited by J. O. Urmson and G. J., Warnock, Oxford: Clarendon, 1961.

Beaugrande, R. de & Dressler, W., *Introduction to Text Linguistics*, London & new York: Longman, 1981.

Black, M., *Models and Metaphors: Studies in Language and Philosophy*, London: Cornell University Press, 1962.

Bloomfield, L., *Language*, New York: Henry Holt & Co, 1933.

Bowerman, Mellisa & levinson, S. C. (ed.), *Language and Acquisition and Conceptual Development*, Cambridge University Press, 2001.

Brown, G. & Yule, G., *Discourse Analysis*, Cambridge: Cambridge University Press, 1983.

Coulson, S., *Semantic Leaps: Frame-Shifting and Conceptual Blending in Meaning Construction*, Cambridge: Cambridge

University Press, 2001.

Croft, W., *Radical Construction Grammar: Syntactic Theory in Typological Perspective*, OUP, 2001.

Coft, W. & Wood, E., *Construal Operations in Linguistcs and Artifical Intelligence*, Amsterdam and Philadelphia: John Benjamins, 2000.

Croft, W. & Cruuse, D. A., *Cognitive Linguistics*, Cambridge: Cambridge University Press, 2004.

Cummings, L., *Pragmatics: A Multidisciplinary Perspective*, Edinburgh: Edinburgh University Press, 2005.

Dirven, R., *Conversion as a Conceptual Metonymy of Event Schemata*, In K. Panther & G. Radden (eds.), *Metonymy in Language and Thought*, Amsterdam/Philadelphia: John Benjamins, 1999.

Dowty, D., *Word Meaning and Montague Grammar*, Dordrecht: Kluwer Academic Publishers, 1979.

Eco, U., *The Semantics of Metaphor*, In R. E. Innis (ed.), *Semiotics, an Introductory Anthology*, Indiana: Indiana University Press, 1985.

Fauconnier, G., *Mental Space* (2nd Edition), Cambridge: Cambridge University Press, 1985.

Fauconnier, G., *Mappings in Though and Language*, Cambridge: Cambridge University Press, 1997.

Foder, J. *The Modularity of Mind*. Cambridge, MA: MIT Press, 1983.

Fillmore, C. J., Santa Cruz lectures on deixis: 1971, Indiana University Linguistics Club Bloomington, 1975.

Fillmore, C. J., Scence-and-Frames Semantics, In Zampolli, Antonio (Hg.): *Linguistic Structures Processing*, Amsterdam et al.: North Holland, 1977.

Fillmore, C. J. & Kay, P., *Construction Grammar*, University of California, Berkeley, 1993.

Gazdar, G., *Pragmatics: Implicature, Presupposition and Logical Form*, New York: Academic Press, 1979.

Gibbs, Jr., R. W., *The Poetics of the Mind*, Cambridge: Cambridge University Press, 1994.

Gibbs, Jr., R. W., *Researching Metaphor*, In Cameron, L. & Low, G. (eds.), *Researching and Applying Metaphor*, Cambridge: Cambridge University Press, 1999.

Givon, T., *Functionalism and Grammar*, Amsterdam: John Berjamins, 1995.

Goldberg, A., Constructions: *A Construction Grammar Approach to Argument Structure*, Chicago: University of Chicago Press, 1995.

Goldberg, A., Constructions: *A New Theoretical Approach to Language*,《外国语》2003 年第 3 期。

Grice, H. P., *Utterer's Meaning and Intentions*, *Studies in the Way of Words*, Cambridge, MA: Harvard University Press, 1969/1989.

Grice, H. P., Further Note on Logic and Conversation, In P. cole (ed.), *Syntax and Semantics*, Vol. 1. New York: Academic Press, 1978.

Grice, H. P., *Studies in the Way of Words*, Cambridge, Mass.: Harvard University Press, 1989.

Hampton, J. A., *Conceptual Combination*, In Lambers and D.

Shanks (eds.), *Knowledge, Concepts and Categories*, Hove: Psychology Press, 1997.

Harnish, R. M., *Logical form and Implicature*, In Bever, T. Katz, J. and Langendoen, D. T. (eds.), *An Integrated Theory of Linguistic Ability*, New York: Crowell, 1976.

Honeck, R. P., *Historical Notes and Implicature*, In Honeck & Hoffmann (eds.), *Cognition and Figurative Language*, Hillsdale: Erlbaum, 1980.

Horn, L. R., *A Natural History of Negation*, Chicago: University of Chicago Press, 1989.

Horn, L. R., *Speaker and Hearer in Neo-Gricean Pragmatics*, 《外国语》2006 年第 4 期。

Jackendoff, R., *Semantics and Cognition*, Cambridge, MA: The MIT Press, 1983.

Jackendoff, R., *The Architecture of the Language Faculty*, Cambridge/New York: The MIT Press, 1997.

Jackendoff, R., *Foundations of Language: Brain, Meaning, Grammar, Evolution*, Oxford: Oxford University Press, 2002.

Jäkel, O., Metaphern in abstrakten Diskursdomänen, *Duisburg Papers on Research in Language and Culture Series* 30, Frankfurt a, M.: Peter Lang, 1997.

Jakobson, R., Selected Writings Ⅱ: *Word and Language*, The Hague: Mouton, 1971.

Jaszczolt, K. M., Default Semantics: *Foundations of a Compositional Theory of Acts of Communication*, Oxford: Oxford University Press, 2005.

Jaszczolt, K. M., Default meanings,《外国语》2006 年第 5 期。

Katz, J. J., *Semantic Theory*, New York: Harper & Row, 1972.

Kecskes, I., *Situation-Bound Utterances in L1 and L2*, Berlin/New York: Mouton de Gruyter, 2003.

Kecskes, I., *Contextual Meaning and Word Meaning*,《外国语》2006 年第 5 期。

Kävecses, Z., *Emotion Concepts*, New York: Springer-Verlag, 1990.

Kävecses, Z., *The Container Metaphor of Anger*, In Zdravko Radman (ed.), *From a Metaphorical Point of View: A Multidisciplinary Approach to the Cognitive Content of Metaphor*, Berlin: Walter de Gruyter, 1995.

Kävecses, Z., *Metaphor and Emotion: Language, Culture, and Body in Human Feeling*, Cambridge: Cambridge University Press, 2000.

Kävecses, Z., Metaphor: *A Practical Introduction*, Oxford: Oxford University Press, 2002.

Labov, W., The boundaries of words and their meaning, *New Ways Of Analyzing Variation* In English, ed. Joshua Fishman, Washington. D. C.: Georgetown University Press, 1973.

Lakoff, G., Hedges: a study in meaning criteria and the logic of fuzzy concepts, *Journal of Philosophical Logic*, 1973.

Lakoff, G., *Linguistic Gestalts*. CLS 13, 1977.

Lakoff, G., *Woman, Fire And Dangerous Tings: What Categories Reveal About The Mind*, Chicago: University of Chicago Press, 1987.

Lakoff, G., Cognitive Linguistics: *What It is and Where It is Going*,《外国语》2005 年第 2 期。

Lakoff, G. & Mohnson, M., *Metaphors We Live By*, Chicago:

University of Chicago Press, 1980.

Lakoff, G. & Mohnson, M., *Philosophy in the Flesh*, New York: Basic Books, 1999.

Lakoff, G. & Turner, M., *More Than Cool Reason: A Field Guide to Poetic Metaphor*, Chicago: University of Chicago Press, 1989.

Lamb, S., *Pathways of the Brain: the Neurocognitive Basis of Language*, Amsterdam; Philadelphia, PA: J. Benjamins, 1999.

Lamb, S., *Relational Networks*,《外国语》2004 年第 2 期。

Lamberts, K. and D. Shanks (eds), *Knowledge, Concepts and Categories*, Hove: Psychology Press, 1997.

Langacker, R. W., *Foundations of Cognitive Grammer*, Vol. 1. Stanford: Stanford University Press, 1987.

Langacker, R. W., An Overview of Cognitive Grammer, In B. Rudzkaostyn, ed. *Topic in Cognitive Linguistics*, Amsterdam: John Benjamins, 1988.

Langacker, R. W., Absolute construal, F. J. Heyvaert & F. Steurs (eds.), *Worlds Behind Words*, Leuven: Leuven University Press, 1989.

Langacker, R. W., *Foundations of Cognitive Grammer*, Vol. 2. Stanford: Stanford University Press, 1991a.

Langacker, R. W., *Concept, Image, and Symbol: The Cognitive Basis of Grammer*, 1991b.

Langacker, R. W., *Grammer and Conceptualization*, Berlin: Mouton de Gruyter, 1999.

Langacker, R. W., "Why Mind is Necessary", In L. Albertazzi (ed.), *Meanings and Cognition*, Philadelphia: John Benjamins, 2000.

Lappin Ludlow, *The Handbook of Contemporary Semantic Theory*, Blackwell, 1996.

Levi, J. N., *The Syntax and Semantics of Complex Nominals*, Newyork: Academic Press, Inc, 1978.

Levinson, S. C., *Presumptive Meaning: Theory of General Conversational Implicature*, Oxford, MA: The MIT Press, 2000.

Levinson, S. C., *Space Language and Cognition*, Cambridge: Cambridge University Press, 2003.

Lyons, J., *Introduction to Theoretical Linguistics*, London & New York: Cambridge University Press, 1968.

Minsky, M., Jokes and their relation to the cognitive unconscious. In L. M. Vaina and J. Hintikka (eds.), *Cognitive Constraints on Communication*, Reidel, 1981/1980.

Norrick, N., *Semiotic Principles in Semantic Theory*, Amsterdam: John Benjamins Publishing House, 1981.

Ortony, A., *Metaphor and Thought*. Cambridge: Cambridge University Press, 1979.

Panther, K. & Radden, G. (eds.), *Metonymy in Language and Thought*, Amsterdam/Philadelphia: John Benjamins, 1999.

Pinker, S., Learnability and Cognition: *The Acquisition of Argument Structure*, Cambridge: The MIT Press, 1989.

Pinker, S., *The Language Instinct: How the Mind Greats Language*, New York: Harpercollins, 1994.

Pustejovsky, J., *The Generative Lexicon*, Cambridge: MIT Press, 1995.

Putnam, H., *The Meaning of Meaning*, In K. Gunderson (ed.),

Language, Mind, and Knowledge, Minneapolis: University of Minnesota Press, 1975.

Radden, G. & Kävecses, Z., *Towards a Theory of Metonymy*, Pinther. In K. Panther, K. & Radden, G. (eds.), *Metonymy in Language and Thought*, Amsterdam/Philadelphia: John Benjamins, 1999.

Radden, G., *How Metonymic are Metaphors*, In A. Barcelona (ed.), *Metaphor and Metonymy at the Crossroads*, Berlin/new york: Mouton de Gruyter, 2000.

Recanati, F., *Direct Reference: From Language to Thought*, Oxford: Blackwell, 1993.

Richards, I. A., *The Philosophy of Rhetoric*, New York: Oxford University Press, 1936.

Richards, I. A., *The Philosophy of Rhetoric*, New york: Oxford University Press, 1965.

Ricoeur, P., *The Rule of Metaphor*, Translated By Robert Czerny, et al. London: Routledge and Kegan Paul, 1978/1975.

Rosch, E. H., Natural Categories, *Cognitive Psychology*, 1973.

Rosch, E. H., Linguistics Relativity, In A. Silverstein (ed.), *Human Communications: Theoretical Explorations*, New york: Halsted Press, 1974.

Rosch, E. H., Principles of Categorization, In E. Rosch and Barbara Lloyd (eds.), *Cognition and Categorization*, Hillsdale, N. J: Lawrence Erlbaum Associates, 1978.

Rosch, E. H. & Mervis, C. B., Family Resemblances: Studies in the Internal Structure of Categories, *Cognitive psychology*, 1975.

Russel, B., On denoting, Mind. Reprinted in B. Russell, *Essays in Analysis*, London: Allen & Unwin, 1905/1973.

Saeed, J. I., *Semantics*, Beijing: Foreign Language Teaching and Research Press & Blackwell Publishers Ltd, 1997.

Sampson, G., *Schools of Linguistics*, London: Hutchinson, 1980.

Sapir, E., *Selected Writings of Edward Sapir in Language, Culture, and Personality*, Berkeley: University of California Press, 1933.

Searle, J., On Philosophy of Cognitive Science: *A Lecture at Shanghai International Studies University*,《外国语》2003年第1期。

Smith, L. B. & Samulson, L. K., Perceiving and Remembering: Category Stability, Variability and Development, In Koen Lamberts & David Shank (eds.), Knowledge, *Concepts and Categories*, Hove: Psychology Press, 1997.

Sören Sjöström, From Vision to Cognition, In J. Allwood & P. Gärdenfors (eds.), *Cognitive Semantics: Meaning and Cognition*, Amsterdam: John Benjamins, 1999.

Sperber, D. & Wilson, D., Relevance: *Communication and Cognition*, Oxford: Blackwell, 1985/1995.

Tai, James H-Y. (戴浩一), Chinese as a SOV Language. In Claudia Corum, T. Cedric Smith-Stark & Ann Weiser (eds.), *The Ninth Regional Meeting Chicago Linguistic Society*. Chicago Linguistic Society, 1973.

Tai, James H-Y. (戴浩一), Verb and Times in Chinese: Vendler's four categories, *Parasession on Lexical Semantics*, Chicago Linguistics Society, 1984.

Tai, James H-Y. （戴浩一）, Cognitive Relativism: Resultative Construction in Chinese, *Language and Linguistics*, Institute of Linguistics, Academia Sinica, 2003.

Talmy, L., Lexicalization Patterns: Semantic Structue in Lexical Forms, In Shopen, Timothy (eds.), *Language Typology and Syntactic Description: Grammatical Categories and Lexicon*, Vol. 3. Cambridge, Cambridge University Press, 1985.

Talmy, L., *Towards a Cognitive Semantics*, Cambridge: The MIT Press, 2000.

Taylor, J., *Linguistic Categorization: Prototypes in Categorization*, Oxford: Oxford University Press, 1989.

Taylor, J., *Cognitive Grammer*, Oxford: Oxford University Press, 2002.

Ungerer, F. & Schmid, H., *An Introduction to Cognitive Linguistcs*, London and New York: Longman, 1996.

Violi, P., Protopyticality, Typicality, and Context, *In Meaning and Cognitive*, London and New York: Longman, 2000.

Williams, C. A. S., *A Manual of Chinese Metaphor*, Shanghai: The Commercial Press, 1920.

Wilson, R. A. & keil, F. C., *The MIT Encyclopaedia of Cognitive Sciences*, Cambridge: The MIT Press, /Shanghai: Shanghai Foreign Language Education Press, 1999/2000.

Wittgenstein, L., *Philosophical Investigations*, New York: Macmillan, 1953.

Yu, N., *The Contemporary Theory of Metaphor: A Perspective from Chinese*, Amsterdam: John Benjamins, 1998.

后　记

　　这本小书是我近年来对汉语语法词汇研究的成果，我自认为才疏学浅，不是研究学问的材料，因此，当王政老师和我联系出版事宜时，我诚惶诚恐，不知是否能够做成。王政老师给予我莫大的鼓励，才让我坚定信心，决定将自己羞于见人的所谓研究成果拿出来。文中有些论文是已经发表过的，有些不是，自觉还不够成熟，但书稿要有一定的规模，所以觍颜面世，合在一起，构成了这本书的框架。

　　第一部分对完整范畴的研究，是我读研究生时的硕士论文，当时选择这个题目并不合时宜，因为当时语言学界对范畴的研究还不流行，当然也不重视，加之文章的深度不够，所以只发表了其中某一部分，其他的都束之高阁，直到今天。在以后的教学中，由于始终对范畴问题感兴趣，所以又有了双宾句表完整范畴的研究以及和完整范畴相对的过程范畴的研究，二者合为一起构成完整/过程范畴研究，这也是第一章的内容。除此之外，第二章是对短语和句子星星点点的研究，有的甚至只是关于某个问题的思考，还不够成熟。第三章是对词汇的研究，由于我研究生读的是语法方向，词汇研究并不擅长，但在教学中会遇到词汇方面的问题，在深思熟虑后，也表达了自己的观点，这就成了词汇部分的论文。最后一章附加了两篇文章，一篇是教学法，一篇是修辞学。

  总观书稿内容，显得比较青涩，以无畏之勇气斗胆付梓，希望能够对他人有所激励。应该感谢王政老师的鼎力相助，他是一位谦和而资深的学者，是淮北师范大学汉语言文学专业的学科带头人。王老师学识渊博，一向喜欢提携后学，一直以来，得到王老师不少教诲，终生难忘。最后也向在我书稿整理过程中给予帮助的同事朋友一并致谢，不到之处，谨表歉意。